Management Innovation For Small and Medium Enterprises

중소기업 경영혁신을 위한
# 원가절감 프로세스
EMI(Enterprises Management Innovation)

김동기 · 김용철 · 이중우 · 한석만 공저

TCA Korea 소개

TCA Korea는 고객에게 무한 지식을 제공하는 글로벌컨설팅 기업으로서 최고의 기술과 고객맞춤 서비스를 통해 고객의 가치를 제공하고 최적의 시스템 경영을 설계하고 운영하는 모델을 구축하고 있습니다. 중소기업청 지정 컨설팅 기관으로서 중소기업의 품질개선과 혁신 및 전문교육을 위한 기반을 갖추고 중소기업의 경쟁력을 도와주고 있으며, 한국부품소재투자기관협회 지정 컨설팅 기관으로서 경쟁력있는 혁신 제품의 개발을 위한 연구소 설립과 새로운 연구개발 공학 기술을 중소기업에 제공하고 있습니다. 당사는 품질 및 환경, 식품 분야 등의 시스템인증 컨설팅 기관과 CE, UL, CCC 등의 제품인증 컨설팅 기관으로서 중소기업의 제품 개발 및 해외 수출에 도움을 드리고자 하는 Total Consulting Group 기관으로서 경영컨설팅을 전문으로 하는 컨설팅 기관으로 발돋움 하고 있는 패기 있고 도전적으로 컨설팅 기관입니다. 중소기업의 혁신적인 프로세스 개선과 컨설팅, 인증을 위하여 전문 인력으로 구성된 TCA Korea는 여러분의 기업을 성장하는데 기여할 것입니다.

감사합니다.
Home page ; www.tcakor.co.kr
전화 : 02) 6295-9001-3
팩스 : 02) 6295-9004

대표컨설턴트 이중우 드림

머리말

    무한경쟁 시대의 변화에 적응하고 앞서 나가기 위한 방법 중의 하나가 원가절감을 위한 프로세스 개선이라고 할 수 있다. 그러므로 조직이 성장을 하기 위해서는 끊임없는 변화와 원가절감만이 초우량 기업으로 나가는 길이라 생각된다. 그동안 원가절감과 프로세스 혁신을 이야기 하면 시간이 없어서, 인원이 부족하여, 비용이 많이 들어서 등의 다양한 이유가 도전정신을 방해하고 있다.

    원가절감 추진방법들이 구조조정, 예산삭감, 인원감축 등의 구성원의 의욕을 저해하는 방법들이 많았다. 이는 인기적인 효과는 있을지 모르지만 장기적으로 권하고 싶은 방법은 아니다.

    본서는 TCA KOREA 전문 컨설턴트들이 그동안 추진했던 원가절감과 프로세스 개선 사례연구들을 분석하여 기존의 방법을 보다 향상시켜 체계화하고자 노력하였다. 제조기업과 서비스업 그리고 재래시장 개선을 위한 연구와 컨설팅 결과를 분석하여 하나의 원가절감을 위한 프로세스로 만들었다. 작은 기업에서부터 대기업까지 누구나 접근할 수 있도록 쉽게 프로세스를 만들고자 노력하였다. 또한 원가절감과 프로세스 개선 방식을 전 직원이 하나가 되어 쉽게 접근하고 결과를 창출하여 구성원 만족을 통하여 이익을 증대시키기 위한 방향을 찾고자 하였다.

    그동안 폐쇄적이고 위압적인 기업문화였다면 본서를 통하여 전 직원이 참여하는 참여문화와 혁신적 문화로 경영시스템 마인드를 대전환하는 중요한 기회로 삼았으면 한다.

 Preface

　본서에서는 원가절감 방법을 프로세스화하여 국내기업에 적용가능 하도록 만들고자 하였다. 따라서 본서의 단계적 프로세스에 따라 원가절감을 혁신을 추진한다면 구성원 만족과 창의력을 충분히 발휘하여 새로운 기업환경을 조성할 수 있을 것으로 믿는다.

　원가절감을 통하여 전 직원의 창의력을 향상시켜주고 이를 통하여 이익을 창출하는데 필요한 좋은 지침서가 되길 바라는 마음에서 저자들의 역량을 집중하였다.

　독자 여러분의 소리에 귀를 열고 있으며 독자 여러분들의 좋은 조언을 모아 향후 더 좋은 책으로 만들고자 노력할 것이며 본서를 발간하여 주신 우용출판사 고종식 대표님과 임직원 여러분께 감사드립니다.

저자일동 드림

차례

Chapter 1　EMI 시스템 소개

EMI란? ··· 13
중소기업의 현재와 미래 ··· 17
　1. 중소기업 경영자의 능력 ·· 17
　2. 중소기업의 생존을 위한 시사점 ······································ 20
우량기업의 약점 ··· 27

Chapter 2　원가절감 프로세스

　1 단계 : 비전설정 ··· 33
　　1. 비전설정의 필요성 ·· 33
　　2. 고객의 소리 ··· 35
　　3. 미래전략 설정 ·· 38
　　4. 비전수립 ··· 40
　　5. 비전요소 ··· 43
　　6. 팀 구축 ·· 44
　　7. 문제점 발굴사례 ·· 46
　2 단계 : 전략수립 ··· 58

Contents

   1. 전략적 산업 동향분석 ·· 58
   2. 환경 분석 ·· 67
   3. 경영 계획수립 ·· 77
3 단계 : 프로세스분석 ·· 90
   1. 낭비의 원인분석 ·· 90
   2. 프로세스 장애원인 추적 ·· 121
4 단계 : 개선 아이디어개발 ·· 124
   1. VE를 통한 아이디어 발굴 ······································ 124
   2. 세븐툴을 이용한 아이디어 발굴 ···························· 127
   3. 집단 지성을 이용한 아이디어 발굴 ······················ 132
   4. 5W2H 기법을 이용한 아이디어 발굴 ···················· 138
   5. 체크리스트를 이용한 아이디어 발굴 ···················· 139
5 단계 개선아이디어 분석 ·· 145
   1. 아이디어 분석 ·· 145
   2. 아이디어 선택 ·· 148
6단계 : 개선 아이디어 실행 ··· 153
   1. 즉실천 활동 ·· 154
   2. 사내 개선팀 구성 ·· 154
7 단계 : 결과평가 ··· 157
   1. 유·무형 효과 평가 ··· 157
   2. 난이도 및 응용성 평가 ·· 157
   3. 독창성 평가 ·· 158
   4. 평가기준 ·· 158
8단계 : 결과보상 ··· 160
9단계 : 개선안 정착 ··· 162

Chapter 3 경영자를 위한 측정지표

1. 경영성과 측정지표 ·· 165
2. 경영전반의 측정지표 ··· 167
3. 연구개발 측정지표 ·· 170
4. 자재부문 측정지표 ·· 171
5. 생산관리부문 측정지표 ··· 172
6. 보전관리부문 측정지표 ··· 173
7. 안전보건부문 측정지표 ··· 174
8. 납기관리 측정지표 ·· 175
9. 눈으로 보는 관리 체크항목 ·· 176
10. 팀 구축 측정 체크항목 ·· 178
11. 개선효과 체크항목 ··· 180
12. 서비스 품질 체크항목 ··· 184
13. 서비스 유연성 측정항목 ·· 189
14. 경영혁신의 측정 ··· 190
15. 원가절감 중점 부문 ··· 192

Chapter 4 QC 14가지 도구들

1. 체크시트 ··· 201
2. 파레토그림 ··· 203
3. 히스토그램 ··· 205
4. 산점도 ··· 207
5. 층별 ··· 209
6. 특성요인 ··· 210

7. 그래프 ·· 213
8. 친화도법 ·· 215
9. 연관도법 ·· 217
10. 계통도법 ··· 219
11. 매트릭스도법 ·· 221
12. 매트릭스 데이터 해석법 ······································ 223
13. PDPC법 ·· 224
14. 애로우 다이어그램 ··· 226

Chapter 5 혁신을 위한 경영계획서 작성

1. 주요연혁 ·· 231
2. 하부단위 목표설정 ··· 233
3. 수주계획 ·· 235
4. 수금계획 ·· 237
5. 생산계획 ·· 238
6. 매출계획 ·· 239
7. 재고계획 ·· 240
8. 인원계획 ·· 242
9. 인건비계획 ·· 244
10. 시설투자 계획 ·· 245
11. 연구개발 계획 ·· 246
12. 손익계산서 ··· 246
13. 예산계획 ··· 248
14. 총괄계획 ··· 255

Chapter 6 EMI 시스템 추진사례

1. 비전 ·· **267**
2. 창공팀 전략 ·· **267**
3. 프로세스분석 ·· **268**
4. 개선아이디어 개발 ·· **270**
5. 개선아이디어 분석 ·· **271**
6. 개선 아이디어실행 ·· **272**
7. 결과평가 ·· **272**
8. 결과보상 ·· **275**
9. 개선안 정착 ·· **275**

참고문헌 ·· **276**
색인 ·· **277**

Chapter I

EMI 시스템 소개

EMI란?

오늘날 기업은 무한한 변화를 요구하고 있다. 기업은 변화하지 않으면 글로벌 경영시대의 경쟁에서 살아남을 수 없다는 긴박한 기업환경에 노출되어 있다. 따라서 급변하는 경영환경에 적응하면서 변화를 추진하기 위하여 그동안 많은 경영혁신도구들이 등장하고 사라져가고 있다. 이러한 많은 경영혁신도구들은 외국기업의 혁신사례들을 국내기업들이 받아들이고 있었다. 외국의 경영환경과 국내 경영환경의 차이에도 불구하고 혁신기법을 무차별적으로 도입함으로서 국내기업들은 혁신목표를 달성하지 못하였거나 중도에 포기하는 사례가 나타나고 있다. 이러한 문제점은 많은 기업들이 혁신 시스템을 추진하는데 접근 방법의 문제점과 혁신 프로세스의 문제점이 있다는 것을 알 수 있다. 따라서 기존의 경영혁신 프로세스의 본질을 파악하고 국내 기업에 적용 가능한 프로세스의 개발이 필요한 시점이라고 판단된다. 경영혁신 프로세스를 모든 기업이 일률적으로 적용할 수는 없다. 이는 기업의 조직문화와 구성원의 마인드, 경영자의 경영 기법에 따라 차이가 있기 때문이다. 이와 같은 환경의 차이를 무시하고 많은 기업들이 혁신도구들을 받아들이려고 노력함으로서 설정된 목표를 달성하지 못하거나 혁신에 실패하기도 하였다. 특히 중소기업의 경우 대기업과는 달리 경영혁신을 추진하고자 하여도 초기에 투자되는 비용과 시간 그리고 자원의 부족으로 추진을 포기하거나 도입을 검토하지 못하는 현실을 발견할 수 있다.

Chapter Ⅰ EMI시스템 소개

또한 우리나라 문화의 특성 중의 하나인 빨리 빨리 문화가 장기간을 요구하는 혁신도구에는 적응하지 못하기도 하였다. 이러한 중소기업의 현실에 적용 가능한 경영혁신 도구개발을 위하여 기존의 혁신 프로세스를 종합 분석하여 중소기업, 특히 제조업에 적용 가능한 프로세스로 중소기업형 경영혁신 도구로 EMI (Enterprises Management Innovation) 시스템은 중소기업을 위한 원가절감 방법 및 프로세스 개선 도구를 제안하고자 하였다.

【EMI (Enterprises Management Innovation) 구성】

경영혁신을 추진하는 기업의 근본적인 목적은 기업의 경쟁력을 향상시키고 변화를 통하여 기업환경에 적응하고자 함이다. 경쟁이란 기업 간의 경쟁에서 벗어나 글로벌 경쟁에서 우위를 확보하고자 하며 기업의 우수성을 발굴하여 새로운 경영환경을 창출하고자 함이다.

　경영혁신은 비전을 통하여 미래를 개척하여 나가는 단계로서 비전은 현실로 다가오고 있는 미래의 상으로서 사명의식, 전략, 목표, 전술, 원칙과 규율에 의하여 뒷받침됨으로서 실제로 매일매일 조금씩 현실화되고 있는 상태를 비전이라고 한다. 따라서 기업의 미래상을 현실로 만드는 것이 경영혁신이라고 할 수 있다. 비전창출은 조직전체의 방향을 잡아나가는 것으로 최고경영자에게 있다고 하지만 변화에 대한 혁신은 모든 구성원이 함께하는 것으로 비전은 미래에 이루고자하는 이상으로 구성원 모두가 참여하고 공감대를 형성하고 전원이 실천자가 되어야 한다.

　이와 같은 비전을 창출하고 혁신을 하기 위하여 조직의 변화가 요구되고 있으며 기업의 성공적인 변화관리를 위하여 조직 전체의 변화를 요구하고 있다. 조직의 변화는 시장의 변화에 적응 할 수 있도록 시장 메커니즘의 변화를 읽어야하며, 그동안 지시와 통제의 조직에서 가치창조와 리더십의 모델로 변화하고 있다. 변화에 성공한 기업의 공통점은 혁신하는 능력, 고객만족의 제품 개발 능력, 고객이 만족하는 가격을 제공하는 능력, 고객이 원하는 이상의 품질 경쟁능력 등이며, 이와 같은 능력을 동시에 추구할 수 있는 능력이다. 이와 같은 능력을 발휘하기 위하여 기업은 변화와 혁신을 요구하고 있다.

　기업의 변화와 혁신을 위하여 그동안 추진되어온 기법들을 살펴보면 리엔지니어링, 식스시그마 경영, 도요다 경영, 트리즈(Triz), 세븐툴, 스피드 경영, 학습조직, 기업인수합병, 고객만족 경영, 전략적 제휴, 벤치마킹, Q-Cost, 블루오션, 동시공학, 마이머신 운동, 마이잡 운동, 초관리운동 등 다양한 기법들을 추진하였다. 또한 기업들은 이러한 경영혁신 기법들을 도입하여 경영성 향상과 기업우위를 창출하였다. 그러나 혁신도구들이 모든 기업에 적용하여 성공적으로 목적을 달성 할 수 없다고 볼 수 있다. 특히 일부 혁신 도구들은 외국 기업에서 성공한 도구들로서 국내에서는 전통과 기업의 문화 그리고 정서 등의 차이에 따라 외국 기업에서 성공한 효과 이하의 성과를 달성하기도 하였다. 따라서 기업은 경영혁신 기법을 유행처럼 도입하기 보다는 여러 대안 중에서 적합한 것을 선택하여 기업의 전략과 일치하는 도구를 선택하여야 한다. 특히 경영혁신은 대기업을 중심으로 그 성과를 나타내고 있으며 국내의 중소기업은 경영혁신 추진하고자 하여도 방법과 인원 등 자원과 기술력 부족으로 추구하고자 하는 목표를 달성하지 못하고 있다.

 연공서열에 따른 위계질서가 강조되는 한국의 기업문화는 경영혁신의 벽이 되고 있다. 경영혁신은 창조적인 아이디어가 필수적인 업종에서는 생산성 향상과 고객만족에 적극적인 활용도구이나 이러한 경영혁신 프로세스의 성공사례가 외국기업을 중심으로 추진되어 한국 기업의 정서에서 벗어나 도입을 추진하는 벽이 되고 있다. 따라서 한국형 혁신 프로세스로 전략수립, 비전설정, 고객의 소리, 아이디어 개발, 개선 아이디어 적용, 결과평가, 결과보상, 개선안 정착 등의 단계를 통하여 중소기업 등에서 개선전담팀, 개선담당자 없이도 쉽게 적용할 수 있는 프로세스를 개발하고자 하였다.

 중소기업의 현재와 미래

1. 중소기업경영자의 능력

중소기업 왜 도산할까? 중소기업을 성공적으로 경영하기 위하여 무엇이 필요한가? 이러한 질문에 대하여 여러분은 어떤 대답을 할 것인가? 중소기업은 기업환경, 경영자의 능력, 사업의 특성 등 여러 가지 요인에 의하여 그 성패가 결정된다. 경영은 천부적으로 재능을 갖춘 경영자도 있겠지만, 상당부분은 후천적인 노력에 의하여 습득하고 활용할 수 있는 것들이라고 본다. 따라서 다음과 같은 사항들이 성공적인 경영자가 되기 위해 갖추어야 할 능력이라고 할 수 있다(박영배·김계수, 2004).

1) 충분한 시장

사업이 성공적으로 이루어지기 위해서는 무엇보다도 충분히 큰 시장이 있어야 한다. 그러므로 중소기업의 경영자는 사업이 성공할 만한 큰 시장을 남보다 먼저 발견하고 그 시장의 요구를 만족시킬 수 있는 능력을 가져야 한다. 이와 같은 능력을 개발하기 위해서는 개인적인 창의력도 중요하지만, 그에 못지않게 현장 경험도 중요한 것으로 알려져 있다. 현장 경험을 갖기 위해서는 기존의 기업에서 종사하는 것이 매우 효과적인 방법이다. 또한, 경험뿐만 아니라 학습과 연구를 통해 과학적인 방법과 객관적인 자료를 활용하여 시장을 개척하는 방법도 강구해야 한다.

2) 정확하고 유용한 정보

중소기업의 경영자는 시장, 자금 등 사업에 영향을 미칠 수 있는 상황에 대한 정확한 정보를 입수하고 그것을 분석하여 경영활동에 활용할 수 있어야 한다. 기업경영에서 성공하기 위해서는 단순히 성공에 대한 강한 집념, 근면 또는 해박한 이론만으로는 충분하지 못하다. 사업과 직접·간접적으로 관련된 현실적인 정보를 입수하여 적시에 활용하여야 한다. 유용한 정보를 입수하는 방법으로는 강연회 참석, 독서와 사색, 전문가 또는 고급정보를 다루는 사람과의 개인적인 접촉, 신문구독, 컨설턴트의 활용 등이 있다.

3) 인적자원 활용

'인사는 만사다'라는 말처럼 모든 일에서 가장 중요한 것은 인적자원을 잘 활용하는 것이다. 그러므로 구성원을 선발하고 이들에게 적합한 업무를 할당하고, 열심히 일할 수 있는 동기를 부여하는 것은 성공적인 경영의 핵심이라고 할 수 있다.

4) 충분한 자본

자본의 부족은 중소기업의 중요한 실패요인중의 하나인 것으로 알려져 있다. 자본부족이란 불완전한 계획, 예측력 미흡 때문에 발생할 수 있지만, 불가항력적인 상황에서 자금이 부족하게 되는 경우도 많다. 흑자부도라는 말이 있는 것처럼 충분한 수익성이 있는 사업도 순간적으로 자금이 부족하여 부도를 내는 수가 있다. 따라서 중소기업의 경영자는 항상 이러한 상황에 대비하여 충분한 자금을 확보하거나, 비상시에 자금을 확보할 수 있는 방안을 마련해 두어야 한다.

1. 중소기업의 현재와 미래

5) 정부의 규제에 대한 대처

한국은 기업에 대한 규제가 대단히 심한 곳이라고 한다. 그런데 중소기업 경영에 관한 미국의 서적들도 정부의 규제를 중소기업이 극복해야 할 중대한 과제 중의 하나라고 지적하고 있다. 이를 보면 규제는 한국의 중소기업에 국한된 문제만이 아닌 것 같다. 중소기업은 환경, 인사관리, 세무, 자금 등에서 여러 가지 규제를 받게 되어 있다. 따라서 중소기업이 이러한 규제를 무시할 수는 없기 때문에 때로는 부정한 방법으로 규제를 회피하기도 한다. 그러나 전문가, 중소기업지원기관 등의 도움을 얻어 규제를 정당하고 효과적으로 극복하는 방안을 강구하여야 할 것이다.

6) 업종에 대한 전문지식

사업에 성공하기 위해서는 개인의 욕망, 노력, 자금, 판단력만으로는 충분하지 못하다. 해당 업종에 대한 전문지식을 습득하여 문제를 과학적으로 이해하고 이를 활용하고 창의력을 발휘할 수 있는 능력이 있어야 한다. 전자산업에서 성공한 우리나라의 어느 중소기업은 사업에 대한 전문지식을 확보하기 위하여 전 사원이 미분과 적분을 공부하였다고 한다. 이는 업종에 대한 전문지식의 필요성을 인식하고 그것의 습득을 위해 노력한 좋은 사례이다.

7) 시간의 효과적 활용

시간을 잘 활용하는 것은 사업이 성공하기 위한 필수적인 능력중의 하나이다. 경영자에게는 항상 시간이 부족할 정도의 많은 업무가 발생한다. 경영자는 아무리 노력하여도 하고 싶은 일을 모두 할 수는 없다. 이와 같은 상황에 대한 현실적인 해답은 시간을 효과적으로 활용하는 것이다. 최근에 많이 출판되고 있는 시간의 활용방법을 다루고 있는 전문 서적들은 경영자들에게 매우 유용하다고 생각된다. 성공적인 경영자가 되기 위해서는 항상 시간을 효과적으로 활용하는 방법을 익히고 실천하여야 한다.

2. 중소기업 생존을 위한 시사점

1) 중소기업의 약점

중소기업은 창업이 용이하고 신속한 의사결정을 할 수 있고 기업환경 변화에 적응하기 쉽다는 등 여러 가지 강점이 있다. 그러나 다른 한편으로는 규모가 작기 때문에 나타나는 여러 가지 약점 내지 문제점도 같이 지니고 있다. 이러한 불리한 점들은 다음과 같이 정리될 수 있다(박영배·김계수, 2004).

(1) 일인다역의 문제

중소기업은 대기업에 비하여 구성원의 수는 적은데 수행해야 하는 일의 종류는 거의 비슷하다. 그러므로 중소기업에서는 한 사람이 수행해야 하는 일이 많아지게 된다. 예를 들면, 영세한 기업의 경우 사업주가 기획, 생산, 판매, 수금, 인력관리의 업무를 도맡아 처리하기도 한다. 즉, 한사람이 여러 가지 일을 동시에 수행하는 것이다. 이러한 경우에 전문성이 결여되고, 따라서 업무에 대한 이해와 처리능력에 있어서 심도가 부족할 수가 있다.

(2) 인력확보

우리나라의 경우에는 중소기업에 비하여 대기업에 대한 선호도가 단연 높다. 그러므로 중소기업은 우수한 인력을 확보하는데 어려움이 있다. 취업하는 사람의 장기적인 목표에 따라 중소기업이 유리할 수도 있지만, 우리나라의 경우 급여수준, 사회적 인지도, 인맥형성 등의 여러 측면에서 중소기업보다는 대기업이 유리한 조건인 것으로 알려져 있다. 중소기업이 우수인력을 확보하는 방안으로는 스톡옵션제, 합자회사 방식 등을 채택하여, 노력에 대한 보상을 성과의 크기에 따라 배분하는 방안도 있다.

1. 중소기업의 현재와 미래

(3) 자금 확보

중소기업은 자금부족으로 고통을 받는 경우도 많다. 중소기업이 자금을 조달하는데 어려움을 겪는 이유는 여러 가지가 있겠지만 가장 두드러지는 것은 중소기업은 도산하는 비율이 높기 때문에 여신기관에서 대기업에 비하여 신용을 낮게 평가하기 때문일 것이다. 또한 중소기업은 대체적으로 처음부터 넉넉하지 못한 자본으로 시작하기 때문에 자금부족상황이 쉽게 발생할 소지가 많다.

(4) 연구개발의 어려움

중소기업은 전문 인력을 확보·유지하기가 어렵고, 자금이 부족하기 때문에 전문적인 연구개발 활동을 수행하기 어렵다. 중소기업들 중에는 창업가가 중심이 되어 연구개발이 수행되는 경우가 많다. 그러나 기업이 확장되면서 창업자가 연구하는 데에 보다는 일반 경영에 더 많은 시간과 노력을 투입하게 되면 연구 활동은 더욱 미진하게 된다.

(5) 위험의 감수

중소기업은 규모가 작고, 제품이 단순하기 때문에 시장수요가 변동하는 경우에 받는 충격은 대기업 비해 상대적으로 매우 크게 되는 경우가 많다. 또한 중소기업분야가 성장성이 크다고 판단되면 대기업이 유리한 조건을 가지고 경쟁에 참여하게 되어 중소기업이 곤경에 처하게 되기도 한다.

(6) 가격경쟁의 불리함

사업상의 경쟁에서 가장 중요한 변수중의 하나는 가격이다. 중소기업은 대기업에 비하여 가격경쟁에서 불리하게 되는 경우가 많다. 대기업은 분업화, 전문화, 자동화, 대량생산, 대량판매 등을 통하여 소규모 기업에 대하여 우위를 점할 수 있기 때문이다. 또, 대기업은 원자재 구입에 있어서도 대량구매를 통하여 구매원가를 줄일 수 있다.

(7) 규제와 세금

규제와 세금은 기업경영에서 항상 신경이 쓰이는 사항이다. 금액의 크기 뿐만 아니라 세금과 규제가 갖는 법률적인 통제력이 강하기 때문이다. 특히 최근의 산업안전, 환경, 산업위생 등에 관한 규제사항들은 전문 인력이 부족한 중소기업에게는 매우 부담되는 것들이다.

2) 중소기업의 도산원인

중소기업의 도산원인에 대한 연구는 많다. 그러나 그러한 연구들의 결과가 모두 일치하지는 않는다. 연구의 설계, 수행방법, 조사대상, 분석결과 등에 따라서 연구결과에 많은 차이가 있기 때문이다. 아래의 표는 우리나라의 한국은행과 중소기업은행에서 수행한 기업의 부도원인에 대한 조사결과를 요약한 것이다. 양 기관 모두 부도의 첫 번째 원인으로 판매부진을 꼽고 있으며, 두 번째 원인으로는 매출채권의 회수 부진을 지적하고 있다. 한국은행에서 네 번째로 지적한 관련기업 부도와 중소기업은행에서 세 번째로 지적한 관련업체 도산은 같은 내용에 대하여 서로 다른 표현을 사용한 것으로 보인다. 한국은행에서는 세 번째 도산원인으로 설비부적합, 다섯 번째로 자금수급 계획차질이라고 하였는데 이는 자금부족이라고 보아도 될 것이다. 중소기업은행 연구에서는 네 번째로 투자실패, 다섯 번째로 방만한 경영, 여섯 번째로 과다한 차입금을 지적하고 있다.

1. 중소기업의 현재와 미래

한국의 기업부도원인

한국은행 발표	기업은행조사부 연구
① 판매 부진	① 판매 부진
② 매출채권 회수 부진	② 매출채권 회수 부진
③ 설비부적합	③ 관련업체 도산
④ 관련기업 부도	④ 투자 실패
⑤ 자금수급계획 차질	⑤ 방만한 경영
⑥ 기타	⑥ 차입금 과다에 의한 금융비용 증가
	⑦ 기타

　일본의 중소기업 관련기관들이 조사하여 발표한 기업의 도산원인을 살펴보고자 한다. 일본의 상공회의소는 도산원인을 정태적 원인과 동태적 원인으로 구분하였다. 먼저 정태적 원인으로는 방만한 경영, 과소자본, 타사의 도산 여파, 기타의 원인으로 구분하였으며, 동태적 원인으로는 적자누적, 신용하락, 판매부진, 매출채권의 회수 지연, 재고상태의 악화, 설비투자의 과대 등을 지적하였다.

　한편, 일본의 중소기업청은 중소기업의 도산원인을 일본의 상공회의소의 경우와는 다르게 분류하고 있다. 일본의 중소기업청의 경우, 도산원인을 기업 내적 원인, 구조적 원인, 경기변동의 원인으로 구분하고 있다. 이들에 대하여 좀 더 세분하면, 기업내적 원인으로 경영자의 가정사고, 경영계획의 실패, 방만한 경영, 우발적 원인을 지적하고 있다. 구조적 원인으로 대기업 또는 외국자본의 진출, 신제품의 진출, 과당경쟁, 업계의 부족, 노동력의 부진, 계열 및 하청의 재편성을 들고 있다. 경기 변동적 원인의 세부사항으로는 판매부진, 수용의 감소, 수출부진, 금융긴축 등을 들고 있다.

　일본기업의 도산원인 분류를 비교하면 같은 내용이 분류방식의 차이에 따라 서로 다른 그룹에 속한 것을 발견할 수 있다. 또, 이들 도산원인들 중에는 경영자의 지식, 노력 등으로 예방할 수 있는 것으로 판단되는 것들도 있고, 그렇지 않아 보이는 것들도 있다. 따라서 중소기업의 경영자들은 소개된 도산원인에 대하여 예방할 수 있는 것인지 아닌지를 판단해 보고, 예방할 수 있다고 판단되는 것들에 대해서는 구체적으로 어떠한 방법과 조치가 있어야 할 것인가를 생각하면 유익할 것으로 생각된다.

일본의 기업부도원인

일본 상공회의소가 조사한 도산원인의 분류	일본 중소기업청이 조사한 도산원인의 분류

정태적 원인
• 방만한 경영
  ① 사업상의 실패
  ② 사업외의 실패
  ③ 유통어음 조작
• 과소자본
  ① 운전자금 부족
  ② 금리부담의 증가
• 타사의 도산 여파(부적합채권의 발생으로 인한 연쇄도산)
 	
동태적 원인
• 많은 주름살(적자누적)
• 신용성 저하(금융거래 좌절)
• 판매부진
  ① 업적부진
  ② 경영에서의 낙오
  ③ 시황동향의 변화
  ④ 대기업의 진출
• 매출채권의 회수 지연(결제조건 악화)
• 재고상태 악화
• 설비투자 과다
	기업내적 원인
	• 경영자의 가정사고
	• 경영계획의 실패
	• 방만 경영
	• 우발적 원인
	
	구조적 원인
	• 대기업, 외국자본의 진출
	• 신제품, 타제품, 외국제품의 진출
	• 업계의 부진
	• 노동력의 부족
	• 계열 및 하청의 재편성
	
	경기변동적 원인
	• 시황 악화로 인한 판매부진
	• 수요의 감소
	• 수출의 부진
	• 금융긴축
	• 받을어음의 부도, 부적합채권의 발생
	• 거래처의 도산

1. 중소기업의 현재와 미래

　재계와 공정위에 따르면 공정위는 시장지배적 사업자의 가격남용행위 판단기준을 강화한 '독점규제 및 공정거래에 관한 법률(공정거래법)' 시행령 개정안을 입법예고한 뒤 의견 수렴절차를 마친 것으로 확인됐다. 개정안에 따르면 시장점유율이 높은 기업은 기술개발 등을 통해 원가(비용)를 절감할 경우 기존 상품 가격을 올리지 않고 그대로 유지만 해도 공정위의 제재를 받을 수도 있다. 재계는 "시장원리에 정면으로 배치되는 포퓰리즘(대중영합주의)적인 개악(改惡)"이라며 반발하고 있다.

○ 원가절감하면 제재?

　공정위가 '보완'하겠다는 현행 공정거래법 시행령 제5조는 주로 시장지배적 사업자가 제품 가격을 지나치게 올리는 경우를 제재하는 데 초점이 맞춰져 있다. 하지만 공정위는 기업이 생산 원가를 절감할 경우 기존 상품 가격을 그대로 유지만 해도 제재를 가할 수 있도록 하는 조항(제1항)을 추가했다. 또 제품 가격이나 이익률이 같은 업종의 '통상적인 수준'보다 '현저히' 높을 때도 제재하겠다는 조항(제2항)을 신설했다.

　기업들은 개정안에 대해 기업의 상품 가격과 이익률을 정부가 직접 통제하겠다는 게 아니냐는 의구심을 떨치지 못하고 있다. 한 경제단체 관계자는 "개정안은 세계무대에서 치열한 생존 경쟁을 벌이는 우리 기업의 손발을 묶을 가능성이 높다"고 비판했다. 공정거래 전문 변호사는 "'현저하다'거나 '통상적'이라는 모호한 표현으로 행정 관청의 자의적인 재량이 커질 수 있다는 점도 문제"라고 지적했다.

　개정안을 검토한 한 정부부처 공무원은 "처음 시행령 개정안을 받아 봤을 때 숨이 턱 막혔다"며 "가격을 올리지 않아도 비용만으로 가격의 적정성을 판단하겠다는 것인데, 이는 기업의 원가절감 의지를 꺾게 될 것"이라고 말했다.

○ 기업들은 벙어리 냉가슴

　기업들은 공정위와 청와대 눈치를 보느라 드러내놓고 반발은 못하지만

Chapter I EMI시스템 소개

내부적으로는 부글부글 끓고 있다. 특히 정보통신부가 원가보상률 등을 종합적으로 판단해 요금을 규제하고 있는 통신업계는 이중규제를 받게 되지 않을까 우려하고 있다. '가격이나 이익률을 동종업종의 통상적인 수준'으로 맞추도록 한 부분도 엉뚱한 결과를 초래할 수 있다는 것이 전문가들의 분석이다. 정부가 잘나가는 기업의 이익률이 높다고 판단해 시정명령을 내리면 이들 업체는 가격을 낮춰 '덤핑' 처리를 해야 한다. 이렇게 되면 중소기업들이 줄도산하는 상황이 벌어질 수도 있다는 설명이다. 더욱 큰 문제는 개정안이 기업들의 미래 성장 동력 확보 의지를 꺾을 수 있다는 점이다.

한 경제단체 관계자는 "기업이 신사업이나 신제품 개발에 성공하더라도 일정기간 시장에서 지배력을 갖고 투자금을 회수할 수 없다면 새로운 도전이나 모험을 할 이유가 없다"고 지적했다.

○ 무엇이 문제였나?

제품 가격은 시장에서 수요와 공급에 따라 결정되는 것인데도 이를 정부가 나서서 규제하려고 했던 것이 가장 큰 문제로 꼽힌다. 공정위는 시행령 개정안에 종전의 '가격의 부당한 변경' 외에 '부당한 결정'까지 포함시키고 제품이나 서비스의 가격이 공급비용이나 동종업종, 유사업종에 비해 '현저히' 높을 때 규제하는 내용을 추가했다.

경제계는 공정거래법 시행령 개정안에 포함된 '가격 및 이익률 규제'가 기업의 기술 혁신과 원가 절감 노력까지 막을 수 있다는 점에 대해 심각한 우려와 비판을 내놓았다. 전국경제인연합회는 "시장 원리에 어긋나는 1970년대식 물가 관리 정책"이라고 강하게 반발했다 (동아일보, 2007.9.6).

기업의 혁신을 막고 원가절감을 제약하는 정부의 정책을 보고 우리기업은 어떻게 할 것인가?

- 혁신을 추진할 것인가?
- 원가절감을 할 것인가?

Ⅱ 우량기업의 약점

 우리나라는 부존자원이 부족하여 지금까지 기술력으로 성장하여 왔다. 지난 10년을 제외하고는 한국경제는 고도의 성장을 지속하여왔다. 그러나 IMF란 한국 국민이 상상하지 못하던 경제 대란과 이후의 저성장에 따른 소비위축은 소비자의 지갑을 닫게 만들고 있다.

 이러한 성장의 둔화 추세에서 기업들은 스스로 역량을 집중할 대상을 찾아야한다. 특히 기술적으로 우수한 기업은 다음과 같은 문제점이 나타나고 있다.

 만약 기업에서 다음의 문제점 중 7~8개 이상의 문제가 나타난다면 매우 심각한 상황이 다가오고 있다는 징조이다.

① 지속적 성장에 따른 위기의식이 희박하다.

 자본력과 기술력이 튼튼한 기업일수록 지속적 성장에 따른 경험을 바탕으로 특별한 창의력 없이 저가의 제품, 빠른 납기, 높은 품질에만 제품력을 치중하는 것이 전부이다. 이러한 조직문화는 언젠가는 되겠지! 우리가 최고라는 사고에 빠져들게 됨으로 위기의식이 없게 된다.

② 품질과 기술의 병

 국제화 시대에는 품질관리는 일상적인 기업의 문화가 되고 있다. 과거처럼 품질을 강조하고 기술력을 강조하는 시대는 지나고 있다. 품질과 기술은 당연한 것이기 때문이다. 앞으로는 기술력과 품질을 리드할 기획력을 갖추어야 한다.

③ 상품기획 시스템 부족

그동안 상품기획이 감(感)이나 경험에 의존하였다면 미래의 기획은 프로세스 즉 시스템에 의하여 독창적인 것, 만인이 놀랄만한 히트상품을 개발하게 될 것이다.

④ 모방제품에 의존

과거의 신제품은 이미 출시된 상품을 변경하거나 성능을 개선한 제품과 기업의 기존제품을 향상시켜 신제품으로 둔갑한 제품으로 소비자의 눈을 가려나갔다. 미래의 시장 환경은 독창성과 신뢰성이 고객의 마음을 사로잡게 될 것이다. 따라서 상품기획력을 향상시키고 구성원의 아이디어를 최대한 존중하고 살려주어야 한다.

⑤ 시장 감각의 부족

상품기획력의 부족은 날카로운 시장분석을 막고 있다. 참신한 아이디어, 좋은 아이디어는 시장에서 고객으로부터 창출될 수 있다. 감각이 부족한 시장분석은 일반적인 보고서에 그치기 때문이다. 날카로운 기획력으로 판단하지 못하고 있기 때문이다.

⑥ 철저한 고객조사의 부족

고객을 파악하는데 고객의 의견을 충분히 듣고 실제로 우리의 제품을 사용하는 현장을 살펴보아야 한다. 필요하다면 상품기획가는 개인의 가정을 방문하여 사용현황을 분석하고 파악하여야 한다.

⑦ 고정관념에 빠짐

우수한 상품기획은 발상의 전환과 창의력이 필요하다. 특히 엔지니어들과 같이 전문분야의 사람들은 고정관념에 묶여 있어 새로운 발상을 하는데 기존의 기술과 접목하여 부정적인 결과를 이끌어 낸다. 따라서 고정관념을

2. 우량기업의 약점

완전히 벗어 버리고 새로운 창의력 프로세스를 통하여 발상의 제안을 시행할 수 있도록 제도적 장치를 만들어야 한다.

⑧ 연구소에 상품기획

상품기획을 추진하는데 연구소 혹은 엔지니어들만이 모여서 기획하는 경우가 많다. 특히 영업, 기획부서의 직원을 상품기획에서 제외하는 경향이 있다. 이는 그들은 기술적으로 모르니까, 라는 사고에 빠져 있기 때문이다. 상품기획은 고정관념의 엔지니어들의 집단보다는 발상이 다양한 영업, 기획부서 등 사무업무에 종사하는 직원도 함께 참여하는 것이 자유로운 발상과 창의력이 나타나게 된다.

⑨ 성과는 과대 포장

작은 성과에는 인색한 것이 우리기업의 현실이다. 작은 성과도 과대 포장하여 포상하고 알려야 한다. 또한 기획력이 부족하면 외부기관을 이용하면 더욱 효과적이다. 여기서 외부기관은 연구기관, 컨설팅사 등의 기술력을 지닌 전문 기관과 협조하는 것으로서 성과의 결과는 외부에도 알리는 것이 효과적이다.

⑩ 기술력에만 치중하는 풍토

그동안 우리나라는 공업경제, 기술 한국 등을 외치고 기술력에만 의존하여 왔다. 그러나 시대의 변화 속에서 공업계통의 우수인력을 양성하는데 어려움이 따르고 있다. 많은 학생들이 문과계통을 선호하고 있기 때문이다. 이러한 현상은 제조업 기피현상을 초래할게 될 것이다.

Chapter II
원가절감 PROCESS

EMI 프로세스

비전설정	고객의 소리	미래방향,목표, 문화,핵심역량 수립	비전수립
전략수립	산업구조분석	환경분석	경영계획수립
프로세스 분석	데이터에 의한 분석	문제핵심요소 추출	프로세스 장애 원인추적
개선아이디어개발	집단지성	제안제도(5W2H)	오즈본의 체크리스트법
개선안 분석	가중평균법	일대일비교법	통계기법 활용
개선안 적용	즉실천 운영	스피드 개선	사내 개선팀 개선안 제작
결과평가	유·무형효과 평가	난이도, 응용성 평가	독창성 평가
결과보상	모든 아이디어에 대한 보상	1년간 기대효과에 대한 보상	참여자 전원보상
개선안 정착	개선안 선포 및 적용과 교육	지속적 관찰	새로운 아이디어 도전

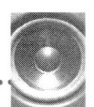

1단계
비전설정

1 비전설정의 필요성

　비전은 조직 구성원의 마음을 움직여 주는 조직의 열망과 기업의 의도를 말한다. 비전 없는 인생은 삶의 의미가 없듯이 비전 없는 기업은 경영의 의미가 없다.
　비전을 설정하기 위한 방법으로는 첫째, 고객이 무엇을 원하는가? 고객의 목소리에 귀를 기울여야 한다. 고객은 내부고객(구성원)과 외부고객(우리의 제품과 서비스를 이용하는 고객)으로 분류하고 내부고객과 외부고객의 욕구를 비전에 반영한다. 둘째, 기업은 이윤을 창출하기 위하여 고객을 창출하여야 한다. 고객이 원하기 이전에 먼저 고객을 찾아가고 고객이 원하는 제품과 서비스를 만들기 이전에 고객이 상상하지 못한 제품과 서비스를 제공하여야 한다. 셋째, 내부고객이 감동할 수 있는 전략은 무엇인가를 찾아야 한다. 내부고객이 만족하여야 외부고객을 만족 시킬 수 있다는 이념을 잊어서는 안 된다. 지난 경영방법을 되돌아보자. 누구를 만족시키기 위한 경영을 추구하였는가? 내부고객의 불만은 없는가? 불만족한 구성원이 진정 고객을 환희에 젖어들게 할 수 있을까? 향후 경영전략의 최우선은 고객이다. 혁신의 목표는 고객만족을 목표로 추진되어야 한다. 따라서 혁신의 첫 단계인 비전 역시 고객만족을 최상위에 올려놓고 추진하여야 한다. 이와 같이 고객만족을 위한 혁신의 첫 단계인 비전을 창출하기 위한 절차는 다음의 그림과 같다.

Chapter II 원가절감 PROCESS

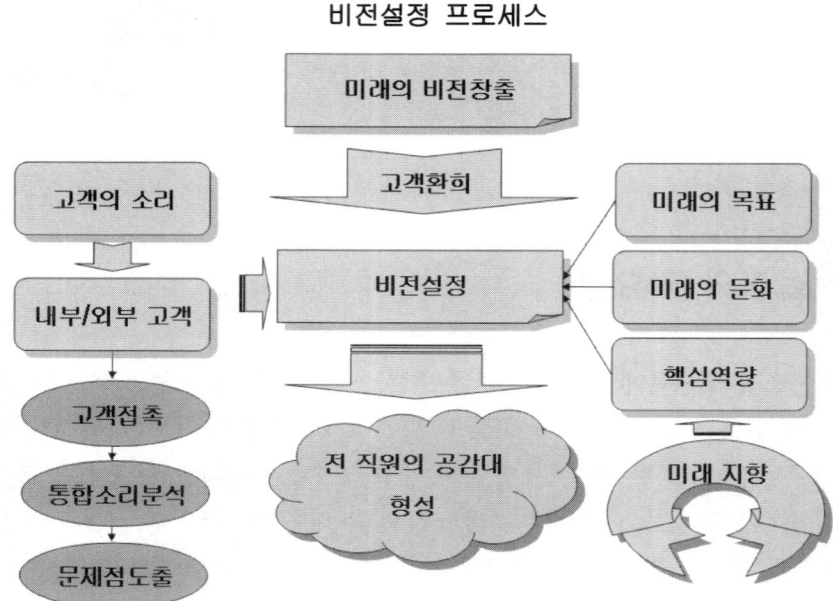

비전설정 프로세스

　미래의 비전을 창출하기 위한 고객의 소리(VOC : Voice of Customer)는 단순히 고객의 불만을 접수하고 처리하는 과정이 아니라 다양한 채널을 통하여 고객의 소리를 수집하고 분석하여 비전설정에 적극 반영하여야 한다.

1단계 : 비전설정

2 고객의 소리

　고객의 소리는 고객으로부터 들려오는 모든 의견 및 불평, 건의사항 등과 고객접점에서 담당자가 작성한 고객의 소리카드, 소비자 상담실의 접수 사항, 고객 엽서, 홈페이지의 고객의 소리 등이 있다.

　기업의 생존에 미치는 가장 큰 영향중의 하나가 고객의 소리에 얼마나 빨리 대응하느냐 이다. 고객의 소리에 귀를 기울이고 고객의 마음을 사로잡기 위하여 전 구성원이 신속하게 대응하는 것만이 기업이 생존경쟁에서 살아남는 방법 중의 하나이다. 따라서 기업의 비전에 고객의 목소리를 반영하여 고객을 위한 기업을 만들어야 한다. 고객의 소리 흐름도는 다음의 그림과 같다.

고객의 소리 흐름도

| 접수 | 분류/등록 | 처리(축적/통합/분석) | 활용 | 공유 |

고객 (외부고객/내부고객/협력사/계열사) → 접수/회신 → 인터넷/전화/서신/방문/기타 → 유형분류 → 통합VOC시스템(인터넷)
- 고객 Profile 등록/조회
- 상담내역 등록/조회
- 상담이력조회
- 상담내역 분석/조회
- VOC 처리내역조회

활용: Customer Core / Research / Seeks / Marketing / 전략수립 / 비전수립

공유:
- 신상품개발
- 서비스 극대화
- 효율적 마케팅전략
- 전 직원 공유

(출처 : KSAC.co.kr 수정)

　고객은 기업의 제품 및 서비스를 이용하는 외부고객만을 고객으로 분류하는 것은 금물이다. 외부고객을 만족시키는 것은 내부고객의 마음의 변화에서 나타난다. 따라

35

Chapter Ⅱ 원가절감 PROCESS

서 고객은 내부고객, 외부고객, 협력사, 계열사, 기타 기업과 관련이 있는 기업의 이해관계자 모두가 고객이다. 고객의 소리는 기업의 생존에 미치는 가장 큰 영향요소 중의 하나로서 고객의 마음을 얼마나 빨리 이해하고 대응하느냐 이다. 고객의 소리에 귀를 기울이고 고객의 마음을 사로잡기 위하여 고객의 소리에 신속하게 대응하기 위하여 기업의 비전에 고객을 최우선으로 하여야 한다.

고객의 소리 파악

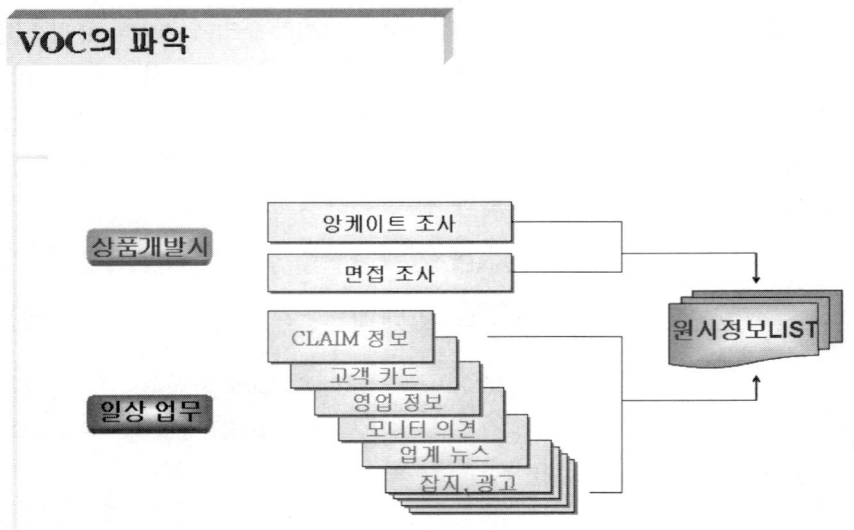

고객의 소리를 얻는 방법으로는 최근 인터넷의 발달로 인터넷을 통하여 홈페이지에 고객의 소리를 개설하여 고객의 소리를 얻는 방법과 전화를 이용하는 방법, 서신과 방문 그리고 기타 방법을 통하여 얻을 수 있다. 여러 매체를 이용하여 수집한 고객의 소리를 유형별로 분석하여 통합 시스템을 통하여 분석하고 분석된 자료는 고객의 역할과 조사 그리고 마케팅과 기업의 전략과 비전 수립에 적용한다. 고객의 소리는 비전을 통하여 전 직원이 공유할 수 있도록 개방하고 알리고 공유하여야 한다.

1단계 : 비전설정

고객의 소리 접수사례

Chapter Ⅱ 원가절감 PROCESS

🔑 3
미래전략 설정

  기업의 경영전략은 기업의 전체방향(direction)과 성과(success or performance)를 결정하는 포괄적(overall)이며 결정적(decisive)인 것으로 전략에 대한 정의는 시대와 환경에 따라, 생각의 주체에 따라 다양한 정의가 있다. 그러나 한번 결정된 전략은 기업에 미치는 영향이 크기 때문에 기업들은 환경 분석을 통해 기업의 성공변수를 찾고 내부역량을 파악하며, 자원을 효과적으로 배분하는 등 전략을 수립하고 실행하는 과정을 거쳐 기업의 최종 목표와 경쟁우위를 달성해야 한다. 전략의 틀은 다음의 그림과 같다.

경영전략의 개념

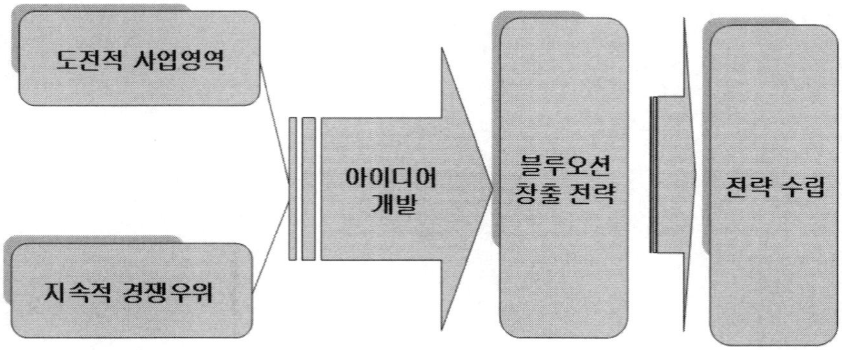

도전적 사업영역 → 아이디어 개발 → 블루오션 창출 전략 → 전략 수립
지속적 경쟁우위 ↗

  목표는 직원 개인이 나가야 할 방향과 목표가 명확히 제시되어야 하고 기업의 목표와 개인의 목표가 일치함으로 개인의 목표달성이 곧 기업의 목표달성으로 통일된 전 직원의 집중으로 시너지효과를 유발시켜야하며 책임과 권한을 분명히 하여야 한다.

1단계 : 비전설정

   또한 목표는 살아있는 계획을 수립하여야 하며 환경의 변화에 따라 새로운 요소가 나타나면 수정을 하여 변화에 적응하여야 한다. 그리고 목표는 전 직원이 항상 열린 마음을 가지고 수립하여야 하며 전 직원이 '하려고 하는 의욕'과 '할 마음'의 자세가 되어 있어야 하며 최고경영자 및 중역들의 적극적 후원이 필요하다.

   모든 목표는 수치화하여 관리하고 자신감을 불어 넣어 주어야 한다. 또한 자만심은 버리고 책임과 성취욕을 바탕으로 비전과 변혁을 수반하는 활동목표를 수립한다. 이와 같이 미래의 목표를 통하여 조직문화를 재정립하고 기업의 미래 핵심역량을 발굴하여 목표에 반영한다.

4 비전수립

비전은 보존해야 할 핵심이 무엇이며 전진을 자극할 미래가 무엇인가에 대한 지침을 제공한다. 비전은 핵심이념과 비전화된 미래의 두 가지 주요소로 구성된다. 핵심이념은 조직의 현재와 존재이유를 정의하는 것이다. 이와 더불어 핵심이념을 보완하는 겉으로 드러나는 모습이 비전화된 미래다. 비전화된 미래는 조직이 되고자, 성취하고자, 창조하고자 열망하는 것인데 이를 달성하기 위해서는 큰 변화와 진전이 요청된다.

핵심이념은 핵심가치(Core Value)와 핵심목표(Core Purpose)로 구성되며, 계획된 미래는 10~30년 정도의 목표로써 그 목표는 크고 달성하기 쉽지 않은 대담한 목표가 된다. 이러한 비전의 요소들이 명확히 정의될 때 기업은 한 방향성을 가지고 전진해 나아가는 것이다. 명확한 비전의 설정과 실천은 조직 구성원간의 유대감을 강화시키고 강한 기업문화를 갖게 하며 궁극적으로 기업의 성과 창출의 근원이 된다.

비전을 전달하는 일이 꼭 선포식과 같은 공식적인 커뮤니케이션을 통해서만 이루어지는 것은 아니다. 의사전달을 잘 하는 경영진들은 일상적인 활동과 대화를 통해서 비전에 담겨져 있는 메시지를 전달한다. 사업문제에 관한 일상적인 토론에서 그들은 제시된 해결책이 비전에 비추어 타당한지 여부를 논한다. 정규적인 성과측정에서 그들은 구성원의 행동이 어떻게 비전에 도움이 되는지 아니면 해가 되는지를 설명한다. 부서별 성과를 검토할 때에도 그들은 수치뿐만 아니라 혁신에 대한 공헌도를 논한다. 구성원들과 정기적인 질의응답 시에도 임원들의 답변은 항상 개혁 목표로 귀결된다. 이와 같이 변화에 성공한 조직의 임원들은 비전을 전달하기 위해 기존의 모든 의사소통 채널을 활용한다.

1단계 : 비전설정

특히 중요한 것은 행동으로 표현하는 것이다. 비전을 말로만 설명하는 것이 아니라 새로운 기업문화의 살아있는 상징이 되기 위해 의식적으로 변화를 행동으로 옮긴다. 비전 전달에 있어서 유의해야 할 점은 설정된 비전이 누가 들어도 곧 이해 될 정도로 간결, 명료해야 한다. 이와 같은 비전경영을 성공적으로 수행하기 위한 조건은 다음과 같다 (문근찬, 2006).

❶ 장기적으로 일관성 있게 추진한다.
❷ 왜 우리가 지금 이러한 일을 해야 하는가에 대해 공감대 형성
❸ 구성원들의 참여의 폭을 넓힌다.
❹ 중간관리 층으로부터 지지를 얻는다.
❺ 과거부터 개선을 해야 한다는 공감대가 어느 정도 형성되어 있고 비교적 파급효과가 큰 제도나 직무부터 생활화를 시도한다.
❻ 가능한 한 구체화시키고 주변에서부터, 작은 것에서부터 다듬고 생활화(습관화)시키도록 한다.
❼ 평가와 보상제도가 적절히 뒷받침되도록 한다.
❽ 중요한 계기를 활용한다.

비전은 구성원에게 미래의 희망을 제시하는 것으로 현재 존재하지 않는 미래의 가치 세계를 펼쳐주는 희망이다. 이러한 기업의 비전은 원대한 이상을 펼치는 기업의 핵심요소이다.

비전을 구성하는 요소로 첫째, 기업 환경변화를 분석하여 미래로 나아가야 할 방향을 결정하는 환경에 대한 통찰력이 있어야 한다. 또한 새로운 사업기회를 포착하여야 한다. 둘째, 비전은 구성원의 바람직한 행동방향을 제시함으로 기업의 모든 구성원들에게 추구해야할 행동방향을 제시하여 준다. 따라서 비전은 기업의 보편적인 가치를 제시하여준다.

Chapter II 원가절감 PROCESS

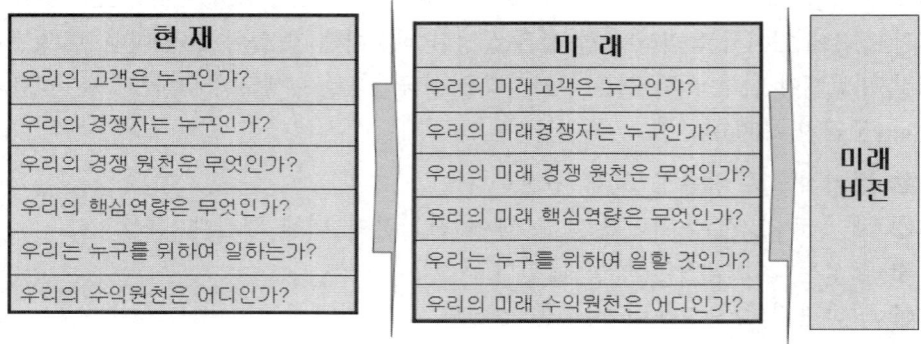

비전은 순간의 발상이나 영감에 의해 우연히 발생되는 것이 아니라 방대한 정보수집과 분석, 다양한 경험과 지식의 습득을 통하여 형성된다. 즉 비전은 무한한 가능성과 미래에 대한 끊임없는 질문과 이에 답하기 위한 정보와 지식을 수집하고 축적하는 과정에서 창조된다. 특히 미래 환경변화에 대한 예측과 전략적기법 등을 통하여 구성원을 위한 미래의 비전과 방향을 설정하고 설정된 비전을 달성하기 위하여 구체적인 경영계획 수립과 기능적 차원에서 전략수립을 할 필요가 있다(hunet.co.kr).

비전은 구체적이면서 간단하고 명료하게 설정하여야 하며, 미래로 기업이 나가야 할 방향이 포함되어야 한다. 바람직한 비전은 기업의 생존을 위한 미래가 담겨져 있어야 한다.

1단계 : 비전설정

5 비전 요소

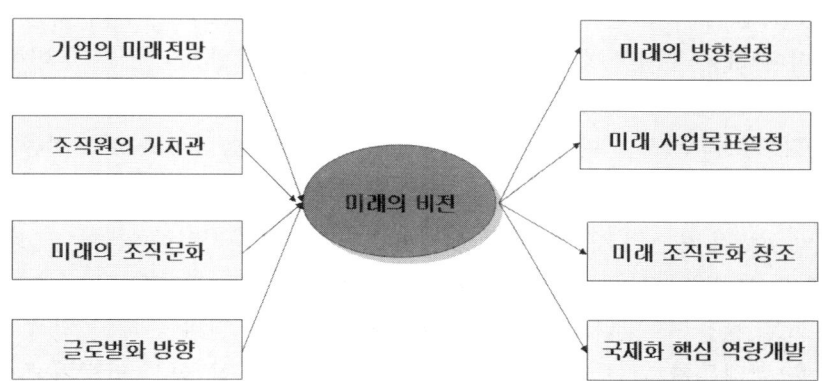

비전수립의 기본요소

비전을 제시함은 조직을 리더하는 첫 번째 임무이다. 리더는 구성원들에게 미래의 모습을 제시함으로써 꿈과 희망을 공유할 수 있어야 한다. 이러한 비전이 제 기능을 다하기 위해서는 명시적으로 설정하고 전체 구성원이 공유하여야 한다. 또한 비전은 수립도 중요하지만 실천도 중요하다. 기업의 비전은 모든 구성원이 공감대를 형성하고 최고경영자의 리더십을 중심으로 전 구성원에게 공유되어야 한다. 이러한 추상적인 비전을 실현가능하도록 하기위하여 중장기전략과 사업계획을 중심으로 계획 – 실행 – 평가 – 재실행(Plan – Do – See)의 프로세스를 추진하여야 한다. 그리고 기업의 비전은 기업문화와 이념 등을 기반으로 한다.

Chapter II 원가절감 PROCESS

6
팀 구축

EMI 시스템을 통하여 경영혁신과 원가절감을 추진하기 위하여 팀을 구축하여야 한다. 혁신 팀 구축을 한다고 하면 중소기업에서는 인원도 부족한데 혁신 팀까지 구축하여야 하는 부담을 갖게 된다. 그러나 혁신을 추진할 구심체가 있어야 한다. 혁신 추진 팀원은 단 한명의 책임자가 추진하더라도 최고경영자 직속으로 두는 것이 좋다. 혁신담당자는 현업을 병행하면서 팀원으로 활동하여도 되고 여유가 있으면 전담하여도 된다.

팀원의 자질은 혁신적 사고와 적극성을 지니고 추진력이 강력한 직원으로 선발하는 것이 좋다. 혁신 담당자는 초기에 혁신에 대한 개념 부족과 업무 과중으로 인한 스트레스를 받을 수 있다. 그러나 혁신에 대한 이해와 결과에 대한 만족 그리고 성취감을 이해하게 되면 적극적으로 추진하게 된다 (또한 혁신 담당자에게 힘을 실어주기 위하여 최고경영자 직속으로 조직을 구성하고 적극적인 지원이 필요하다).

혁신 담당자는 초기에 어떤 일을 먼저 추진하여야 할 것인가를 판단하기 어렵게 될 수 있다. 또한 문제가 무엇인지를 도출하기 어렵게 될 수도 있다. 이러한 문제점을 해결하기 위하여 최고경영자는 조직의 핵심 문제 사원을 선발한다. 문제 사원이라 하면 조직에 불평불만과 조직으로부터 소외된 사원을 말한다. 또한 언제라도 기회가 있으면 다른 직장으로 옮길 기회를 엿보는 사원도 적절하게 활용할 수 있는 문제 사원이다. 혁신에서는 문제 사원도 그냥 버릴 수 없는 중요한 자원이 된다.

문제 사원을 활용 하는 방안으로 그동안 회사 내에서 노출되지 않은 회사의 문제점을 찾아내어 문서화하는 업무를 부여한다. 회사 내의 조직이 발견하지 못한 문제점, 특히 조직문화 속에 가려져 프로세스화된 조직의 문제점은 문제 사원의 눈에는 가시처럼 보이기 때문에 정확하게 찾아낼 수 있다. 문제 사원이 회사의 문제점을 문서화

하는 동안 최고경영자는 적극적인 지원과 힘을 실어주고 격려하여 주어야 한다.

문제 사원에 의하여 도출된 회사의 전반적인 문제점을 혁신 팀에서는 경영혁신의 과제로 제안하여도 좋다. 또한 이러한 문제들은 기존의 조직이 보는 다른 시각에서 회사를 볼 수가 있어 경영혁신을 추진하는데 중요한 원천이 된다.

Chapter Ⅱ 원가절감 PROCESS

7 문제점 발굴사례

종합효율 향상 및 CAPA 분석

항목	현황 및 문제점	대책 및 세부추진계획
종합 효율	1. 종합효율 저조(가동률 × 작업능률) 　`08. 종합효율 : 64.3% 　　가 동 률 : 83.5% 　　작업능률 : 77%	1. 공정개선 추진 계획 준수 및 철저한 　종합효율 향상계획 | 년도별 | `09 | `10 | `11 | `12 | |---|---|---|---|---| | 효 율 | 64.3 | 88.8 | 91.5 | 93.7 | 2. 종합효율 분석 철저
가동 률	1. `08년도 가동률 현황 　　　　　　　　　　　단위:% | 공정률 | 준비 | 제작 | 가공 | 조립 | 계 | |---|---|---|---|---|---| | 가동률 | 88 | 84 | 87 | 81 | 83 | 2. 무작업 공수 과다 발생 : 12.9 % 　(무작업공 원인별점유율)　단위:% | 정비 | 교육 | 청소 | 대기 | 노조 | 기타 | |---|---|---|---|---|---| | 3.8 | 54.1 | 10.7 | 26.0 | 1.0 | 4.4 | - 자재 결품에 의한 대기 LOSS - 자재 부적합에 의한 대기 LOSS - 실습생 투입 공수에 대한 관리기준이 없다 　(실습생 투입공수를 교육훈련으로 집계) - 무계획적인 교육훈련 실시	1. 년도별 가동률 향상계획 　　　　　　　　　　　단위 : % | 구분 | 준비 | 제작 | 가공 | 조립 | 계 | |---|---|---|---|---|---| | `06 | 88.3 | 84.1 | 87.3 | 81.1 | 83.5 | | `07 | 93.0 | 90.7 | 91.5 | 85.9 | 88.8 | | `08 | 94.1 | 92.7 | 93.8 | 88.6 | 91.5 | | `09 | 95.7 | 94.6 | 95.4 | 91.4 | 93.7 | 1. 무작업 공수 절감계획 | 년도별 | `09 | `10 | `11 | `12 | |---|---|---|---|---| | 점유율 | 12.9 | 8.4 | 6.5 | 4.5 | - 무작업 공수 발생 원인별 집계 철저 및 관련부 　서 조치 - 관련 부서 시정 조치 철저한 관리 - 관리 방법 개선 (수작업→전산화로 전환) - 실습생 투입 공수 관리기준 수립 - 연간 교육훈련계획 수립 및 관리 철저 - 교육훈련에 대한 유효성 평가

항목	현 황 및 문 제 점	대 책 및 세 부 추 진 계 획
	3. 계획 생산 투입률 저조 단위 : % 	계획	추가	비매출	가동률계
---	---	---	---
77.6	3.5	2.4	83.5 | 1) 추가 작업공수 3.5% (발생원인부서별) 단위 : % | 연구	자재	외자	자관	생기	영업	생산	기타
---	---	---	---	---	---	---	---
13	58	15	0.2	0.5	2.1	2.0	7.3 | 2) 추가발생원인 ① 연구소 : 설계부적합 설계변경, 설계변경 관련품 동시 적용 미흡 ② 자재부 : 입고지연 및 부적합에 의한 사내 자작 및 수정 ③ 외자부 : 부품부적합에 의한 수정 ④ 자재관리 : 자재직배 미흡, 자재 SHELP 활용미흡, 원자재 입고 지연, 운반중 손상, 보관중 발청 ⑤ 생산기술 : 작업표준 설정 실수 절단 PROGRAM 실수 ⑥ 영 업 : 진행 도중 SPEC 변경 ⑦ 생 산 : 자작품 부적합 ⑧ 생산관리 : 생산계획 변경 (SPEC등) `08년도 작업 능률 현황 | 구분	계획	실적
투입 M /H	471,954	489,313
생산대수	4,939	3,942
M/H / 대	95.6	124.1
작업능률	77%		 • 작업능률 : 대당계획MH/대당실적MH	1) 추가 작업 공수 절감계획 단위 : % 	년도별	`09	`10	`11	`12
---	---	---	---	---
추가작업	3.5	3.0	2.1	1.8	 - 추가 작업 공수 발생 원인별 집계철저 및 관련부서 조치 - 관련부서 시정 조치 및 철저한 관리 - 관리 방법 개선 (수작업→전산화) - 부적합원인 분석 철저 - 재발 방지대책 수립 교육훈련 및 사후 관리

Chapter Ⅱ 원가절감 PROCESS

항목	현황 및 문제점	대책 및 세부추진계획

작업능률	1. 능률관리 미흡
	 1) 표준 M/H 설정
	  - 작업표준이 현공정과 불일치
	  - OPTION에 대한 표준이 없다
	  - 제품 용량별 표준 M/H 미 설정
	 2) 실적 M/H 관리
	  ① 실적관리방법이 불합리
	  - 공정별 관리 기준이 상이함
	  준비(절단) : 기계별, 두께별
	  준비(BD) : ITEM별, 공정별
	  제　작 : ITEM별
	  가　공 : ITEM별, 기계별
	  조　립 : 공정별 (SUB, MAIN, 수정)
	  - 작업일보에 기록된 각 SUB 단위의 작업내용 파악이 불가
	  - 공정진도 CHECK 불가
	  - WORK CENTER별 관리 불가
	  - OPTION 작업공사번호가 LOT별로 입력되어 개별관리 불가
	  - 입고 완료된 장비에 대한 체계적인 관리 미흡 (재입고시 관리방법 미흡)
	  - 추가, 손실 대기 M/H 시수는 입력되나 세부내용은 입력불가
		1. 표준설정 및 실적관리 SYSTEM 구축
		 - 공정관리 SYSTEM

작업능력	② 작업일보 시수가 급여와 연계 ③ 공정등록 후 관리위한 HARDWARE 부족 2. 공정별 능률저해요인 과다	- 급여 관리에 대한 별도 SYSTEM 구축 - 현장에 ON-LINE SYSTEM 설치

* M/H : Man Hour(공수)

1단계 : 비전설정

항목	현황 및 문제점	대책 및 세부 추진계획
기계별 가동률	1. 설비가동률 향상 지속 활동미비 ① CNC 설비 : DNC에 의한 가동실적 분석 미비 - REAL PRODUCTION + PRODUCTION 비율이 50% 미만인 설비 (%) | 구분	TRUM	HF-6M	DBM | |---|---|---|---| | `06 | 40 | 49 | 26 | | `07 | 43 | 53 | 38 | | `08 | 47 | 28 | 46 | - PRODUCTION이 REAL PRODUCTION 보다 큰 설비 | 구분	TRUM		DBM	| |---|---|---|---|---| | | R-PROD | PROD | R-PROD | PROD | | `06 | 16 | 24 | 7 | 19 | | `07 | 17 | 26 | 13 | 25 | | `08 | 18 | 29 | 15 | 31 | ② 범용설비 : 가동률 분석 데이터부재 2. TWO-TABLE 설비의 SET-UP 시간 LOSS 발생 (%) | 구분	EC	TA	FB	FB	HF	DF | |---|---|---|---|---|---|---| | `06 | 20 | 31 | 19 | 21 | 30 | 42 | | `07 | 11 | 23 | 8 | 14 | 31 | 28 | | `08 | 11 | 24 | 5 | 8 | 59 | 2 |	1. 설비가동률 데이터 확보 및 현장 활용 ① 매월 실적 분석, 현장조치 ② 기계별 개선방안 수립 실시 - DNC 설비 개선대상 항목 FEED FOLD, MANUAL CYCLE START SINGLE BLOCK, P/G INTURRUPT READY FOR USE, NON RUN ③ IPC 사용 교육 재실시 ④ 범용설비에 대한 가동률 관리 방안 구축 1. TWO-TABLE 활용 극대화 방안 수립 추진, (SET-UP 관리항목) : 준비시간 최소화 - 제품, 치구, 공구 셋업 워밍업 최소화 - 가공 및 HANDLING JIG 개선 보완 - TOOL 불출은 공구실 담당자 수행 (작업자 이동 금지)

Chapter Ⅱ 원가절감 PROCESS

항 목	현 황 및 문 제 점					
생산 CAPA	1. 생산 CAPA 현황 1) 공정별 설비기준 MAX. CAPA분석 (`06)					2) 공정별 인원 기준 생산 CAPA	
	공 정 명			대수 (인원)	년 생산 능력	공정	보유인원
	준비	절단	CPL	1 (1)	5,436	준비	24
			CFC	1 (1)	8,196	제작	67
			CPP	1 (1)	4,944	가공	8
		BENDING		2 (2)	2,892	부품	31
	제작	범용가공		5 (3)	4,661	조립	162
		FU$ W/D		- (47)	1,885	계	292
	가공	FBM		2 (2)	960	(`07. 1月 표준 M/H 기준)	
		DBM		1 (1)	336		
		HF 6M		1 (1)	588	※ 본 CAPA 산출은 공정별 요소를 가정하여 산출한 것이며, 이 CAPA 는 추후 검증을 필요로 함	
	도장	부품	소형도장	1 (-)	6,125		
			대형도장	1 (-)	765		
		완성	운반장비	- (7)	3,441		
			건설장이	- (12)	768		
	조립	# 1 LINE			2,736		
		# 2 LINE			4,176		
		# 3 LINE			396		
		# 4 LINE			576		
		# 6 LINE			256		
		# 7 LINE			840		
		< 계 >			8,976		
		(#6,7LINE 제외시)			7,880		
	(8HR / 20DAY / MONTH 기준)					

1단계 : 비전설정

종합효율 향상 및 CAPA 분석

항목	현황및문제점	대책및세부추진계획
생산 CAPA	2. M/H 운영 ※ `08년도 예상 	생산대수	계획생산투입 M/H	M/H /대
4,350	536,146	123.2 | - M/H 운영계획과 표준 M/H 불일치 3. CAPA 산출, 관리 부재 - 공장 및 공정별 MAX, CAPA 기준이 없다 - 생산부문내 각 부서별 CAPA 산출기준상이 - 공정전체 CAPA에 연계한 투자, 내·외작 전환 등 관리가 미흡함	년도별 대당 평균 M/H 계획 | 년도	생산대수	계획M/H	M/H / 대
---	---	---	---
`06	4,350	536,146	123.2
`07	7,968	561,255	70.4
`08	12,473	754,072	60.5
`09	15,819	777,718	49.2	 1. M/H 운영계획에 입각한 표준 M/H 설정 2. 공정별 CAPA 산출 표준화 ① 공정 요소 입력 기준 등 표준 설정 ② CAPA 산출 및 부하분석 방법의 표준화, 전산화 ③ 각 공정별 최대 CAPA 관리 - 설비투자 평가, 외주전환의 기준으로 활용 3. 공정운영방안 수립 ① 년 도별 생산계획 대비 CAPA 증대 방안 수립 - LAYOUT 개선계획 세부검증 실시 ② 설비투자, M/H DOWN 계획 달성방안 수립

Chapter II 원가절감 PROCESS

항목	현황 및 문제점	대책 및 세부추진계획
설비투자	1. 설비투자실적저조 `07 설비투자현황 단위: 백만원 | 자산	사업계획	실행예산	집행실적
---	---	---	---
건축		767	683
구축물	1,306	209	164
기계	787	959	471
차량	88	58	34
공기구	2,048	1,238	723
비품	767	653	272
목금형		135	127
계	4,996	4,019	2,474 | 1. 실행예산대비 집행실적 저조 (61.5) • 실행 항목별 집행률 차이가 크다 2. 별도 품의 실시 항목 과다 : 집행 실적대비 47% (1,166백만원) 3. 투자계획 수립 시 투자필요성, 예산 선정, 투자효과 등 분석 미비한 상태로 예산 계획 확정→ 집행시 가감, 삭제, 추가 등 예산대비실적의 철저한 관리가 안 됨 4. 투자 평가기법의 활용미비	1. 투자관리 규정 준수 • 사업계획 수립 시 투자 필요성, 경제성 평가, 투자세부계획 작성 등의 과정을 거쳐서 예산화 2. 설비투자평가기법 작성 : 표준화 활용

1단계 : 비전설정

항목	현황 및 문제점	대책 및 세부추진계획
불용·유휴설비	1. 설비류 (단위 : 대, 백만원) | 구입년도	유휴 수량	유휴 금액	불용 수량	불용 금액	계 수량	계 금액
---	---	---	---	---	---	---
'88	1	18	1	13	2	31
'89	2	333			2	333
'91	12	1,647	11	97	23	1,744
'92	1	312	2	32	3	344

계	16	2,310	14	142	32	2,453 |
						
						※ 금액 : 취득가 기준
						※ 년도 : 취득년도 기준
						※ 유휴설비 임대 계획 시, 임대료 잔존가 분할 형태로 함에 따라 업체 임대 기피 현상 및 기임대 설비 반납의사 발생
							1. 투자 시 철저한 검토 필요
							2. 처리방안 : 임대, 매각, 이관 등 합리적 처분
							  - 불용 : 매각, 폐기
							  - 유휴 : 임대 또는 매각
							① 임대료 현실화 재검토 및 임대조치
							② 임대 설비의 생산 ITEM 고려한 업체 일원화 세부 검토(설비 및 ITEM을 한 개 업체 집중)
							ex) CNC 선반, FMS, MACHINING CENTER : PIN, BUSH류 S/AXLE 구성부품류 W/L-AXLE SUP'T, BAT-LINK류

	2. 공기구류 (단위 : 천원) 	구 분		절삭/기계공구	작업공구
---	---	---	---
'04~05 미사용		285.434	14,196
'05. 1년간 미불출		401,468	34,579
'06재고	개별	981,000	288,777
	계	1,269,777	
불용처리대상		176,227	-	 ※ 불용처리대상은 명확한 사용 불가품으로 확인	1. 공구별 실사 → 처분 ① 불용공구 : 폐기, 매각 ② 유휴공구(예비품 개념의 공구) : 타 사업부이관 ex) 0.1㎜ 단위의 DRILL등 미사용분 L-TEC TORCH, TIP등 미사용 규격 보유분

53

Chapter Ⅱ 원가절감 PROCESS

항목	현황 및 문제점	대책 및 세부추진계획
기계고장률 감소	1. 도장설비 ① 설비노후화로 인한 고장 발생 증가 ② 설비 가동 중 문제 발견 시 중단치 못하고 생산일정상 계속 사용함으로써 트러블 규모 확대로 비용과 손실 가중 ③ 돌발고장의 발생 2. 일반설비 ① CNC 설비 운전 및 보수 능력 미비로 반복고장 발생, 고장 조치기간 과다 소요 ② 정기점검계획 실행 미흡, 기계 설치 후 1회만 실시 → 성능 및 정밀도의 신뢰성 문제점 ③ 자연 마모 및 돌발 고장에 대한 전담 인원 미 지정으로 처리지연 ④ 기계 일일 점검표 작성이 기계별 점검 포인트와 무관하거나, 점검 결과의 확인 조치가 미흡	1. 노후분 교체 : SCREW C/V, BUCKET ELEVATOR, DRUM 2. OSCILLATING C/V 성능관련 구조 재검토 실시 3. 휴일을 이용한 예방정비 실시 확대 운영 4. 정비요원 CNC 전문교육기관 교육 실시 5. 대형 가공 기계 매년 1회 정기점검 실시 정도 체크 : MAIN BED 및 각축레벨·직각도 ATC 장치 WARK TABLE 6. 주요 설비 일일가동점검 순찰제 운영 7. 설비별 전담 정비조 운영 8. 일일 점검표 전면 재정비 (구체적 작성) (전담 정비조원은 일일 순찰시 점검표 상의 문제 부위 확인하여 신속조치)

1단계 : 비전설정

설비 및 치공구 관리

항목	현황 및 문제점	대책 및 세부추진계획

치구 관리	1. 치구제작 비용 항목별 집계 부정확 (고정자산 취득조서 등록 포함)
	① 공식문서 (도면) 접수에 의해서만 작업
	② 생산부 개선반에서 치구류 제작
	 - 이중관리 및 비표준 발생 (특히 PALLET, 적치대류의 비표준)
		1. 치구제작 비용 관리업무 재정비
		2. 개선반 업무 통합 후 업무규정 수립
		   (현장요구에 유연한 대응)
		3. 자작치구 설계・제작 표준화
		   (비표준품 폐기, 재제작 적용)

공구 관리	1. 공구류 개인지급으로 인한 폐쇄적 사용 및 공구 찾는 시간 손실 발생 2. 생산계획에 의거한 공구소요계획 관리미비 3. 공구입고처리를 공구실에서 입력	1. 소모성 공구 자율공급 지급, 관리 확대 실시(동시 추진 : 외부인원 통제방안 수립) 2. 기계별 / 공구별 월 소요기준 수립에 의거한 구입 3. 규정준수 : 수량입력 → 자재관리
설비 관리	1. 설비이력의 체계적 관리 미흡 ① 자산관리 대장 미비 - 자산목록, 금액 부정확 - 기계별 단가표 내용 부정확 ② 설비번호 규정 사용 미흡 (작업의뢰, 불응 처리 원가계산 시), 이력관리 미흡	1. 자산관리 대장 및 세부항목 재정비 2. 설비이력관리 전산화 실시 - 설비번호, 제원, 취득일/금액, 기계 단가 점검이력 (사용부품 : 소모품 등)

Chapter Ⅱ 원가절감 PROCESS

준비반

순서	체 크 사 항	검 토 요 구 사 항
1	절단 program 적기 공급 - 절단계획에 맞추지 못하는 관리자 손실	Program 계획의 준수 : 해당 program 우선 추진
2	원자재 공급지연 - 수급계획 자체/계획 변경 시 자재대기 손실	수급계획, 적정재고 수준 확보
3	외주품의 사내 수정 - 관리 안됨	납기지연 배상 제도수립
4	절단 LOT수 검토 - LOT수 적어 교체시간 과다 : 대당 M/H 증가	현 능력과 계획의 비교검토, 롯트 수의 경제성 검토(EPQ), 절단 BUFFER AREA 판단
5	범용가공의 소모성공구 확보 - ST, DRILL, TAP등 소모성공구의 개인 지급으로 이동손실 발생	소모성 공구의 자율공급
6	설비별 소화율 관리 - 매월 생산계획 수립 시 기계별 소요M/H 및 잔업률 등 결정미흡으로 기계별 물량조정, 인원 조정 등의 업무미비	부품별 M/H 표준정립 소화율 등의 관리구축
7	부적합제공의 근절 - 부적합발생시 원인제공부서의 손실에 대한 책임불분명	엄격한 시정 조치
8	BAND SAWING M/C 매각 - 절단소요시간 : BAND SAW : HACK SAW = 1 : 4	매각대상 변경(계획량, 부품 크기 등 선행검토) : HACK SAW를 매각
9	SCRAP률 증가 대책 - 운반장비의 대폭 외주화에 의한 잔재 NESTING 효율저하 - 잔재관리방식: 무작위적재로 차기 사용시 규격에 맞는 잔재(재료)찾는 시간 손실	SCRAP 절감대책 수립 잔재관리 방법 개선실시

1단계 : 비전설정

제작반

순서	체 크 사 항	검 토 요 구 사 항
1	BOOM CASTING류 부적합 (내부 HOLE) - 수입 검사 기준 미비, 부적합자재 투입 등에 의한 수정, 부적합, 대기	1. 검사기준/방법설정
2	외주품 입고 지연 - 제작되어 투입되는 부품 미 입고 - 공정반에서 자재를 챙기는 일까지 수행	1. 조립계획에 선행하는 POR : 제작 투입분 2. 공정반의 책임/권한 명확화
3	LAYOUT - 잦은 변경, 일관성 결여	1. 주력모델 결정 등 모델정리 및 LONG LIFE CYCLE
4	재공재고 증가 - 조립계획의 변경에 대응하기 위한 제작계획의 변경으로 재공증가 : 작업장 및 옥외 적치장	1. 생산계획의 변동요인 제거 2. 제작계획의 LOT SIZE 감소 및 흐름생산으로 재공발생 여지 제거
5	공정간 LINE BALANCE - 대형가공과 도장의 CAPA, 부족으로 공정대기 등 발생 - SHOT설비제원으로 부품을 분리하여 제작, SHOT 후 제작등 공정설계의 난점	1. 대형가공 기계 부하분석 2. 대형부품 도장라인 증설검토
6	외주품의 보관상태: 방청 - 외주품 투입 후 녹 제거 작업 실시: 10~20분/EA - 방청유 과다사용으로 제거작업 필요: 불완전 제거시 부적합발생	1. 외주부품별 방청기준 수립 2. 부품 기능별 보관장소 / 방법 수립 (단, 옥내 보관을 선결조건으로 현 보관면적 확보)
7	공용화 (치구준비 시간/면적 감소목적)	1. 제품/치구 공용화 검토
8	5S 운동 - 지침제시 불충분, 교육 미비, 의식 부족	1. 깊이 있는 지속적인 교육 실천
9	준비반 절단 후 임시보관 - 절단 후 공정대기	1. 대기발생 제거: 흐름생산

Chapter Ⅱ 원가절감 PROCESS

전략수립

1. 전략적 산업 동향분석

기업 전략을 수립하기 위하여 미래의 경제 동향 및 주변 환경을 분석하여 기업전략에 반영한다.

환경변화 패턴 사례

환경변화의 패턴		기업의 대응방안
▶ 냉전체제, 양극화 　→냉전붕괴, 다극화 ▶ 안정적 사회경제상호 　→리스크증가, 불안정적 상황 ▶ 변화의 속도 느림 　→변화의 속도 빠름, 혁신적 변화	▶ 연속성→비연속성 ▶ 확실성→불확실성 ▶ 예측성→예측 불능성 ▶ 난기류(저)→난기류(고)	▶ 유연하고 신속한 경영 ▶ 불확실 대응경영 ▶ 부단한 변화 경영 ▶ 다이나믹 경영
20C 산업화 시대 ▶ 회사중심 ▶ 내부 기준평가 ▶ 생산성 향상 ▶ 이익 극대화 ▶ 기능적 경영관리	21C 정보화 시대 →고객중심 →내·외부 고객만족 →질과 서비스의 우수성 →고객만족과 가치창조 →Process적 경영관리	▶ 마음 중심형 경영 ▶ 질 중심형 경영 ▶ 인적자원 중시 ▶ 사회윤리 중시 ▶ 이념, 비전, 추구형 경영 ▶ 개성 존중형 경영 ▶ 다양화, 복잡형, 종합화 경영

산업구조분석은 현재의 산업 환경동향의 역동성을 분석하고 자사의 제품 라이프 사이클(PLC : Product life cycle)을 분석하여 산업에서 성공핵심 요인을 찾아내는데 목적이 있다. 또한 성공요인을 분석하여 경쟁우위의 제품을 개발하고 경쟁에서 핵심 역량을 강화하는 방법과 미래 사업 전략을 찾아내는데 목적이 있다.

산업구조분석 틀

1) 제품수명 주기분석

제품수명 주기분석을 통하여 현 제품의 수명과 새로운 제품에 대한 고객의 욕구를 분석한다. 제품수명주기설은 제품의 수명주기를 개발단계, 성숙단계, 표준화단계로 구분하고 있다. 개발단계에서는 시장이 불확실하고 소비자들의 기호를 알 수 없으므로, 자연히 생산이 소규모가 되나 많은 노동력의 사용으로 독점적인 생산을 한다. 이때는 가격의 고저는 별 문제가 되지 않으며, 개발상품의 판매촉진을 위하여 정보수집에 관심을 집중하게 된다. 이 개발단계의 소규모적인 생산 공정이 성공하여 시장에서 수요가 증대되면, 개발상품은 성숙단계로 들어가게 된다. 이 단계에 이르러서는

Chapter Ⅱ 원가절감 PROCESS

상품이 국내시장을 지배하게 되고, 해외로부터의 주문에 의한 수출도 시작된다. 성숙단계를 지나 대규모 소비단계에 들어서면 상품이 표준화된다. 상품이 표준화되면 외국에서도 그 상품의 개발이 가능해 지는데, 외국은 그 개발에 필요한 기술개발비의 절약과 낮은 노동비용에 의한 가격수준의 차에 의하여 비교우위를 점하게 된다.

만일 운송비를 포함한 거래의 부대비용이 가격차이보다 크면 상품을 처음으로 개발한 선진국은 자국시장에서는 생산을 할 수 있으나, 수출은 더 이상 이루어질 수 없다. 그러나 이들 거래의 부대비용을 포괄하고서도 후진국의 가격이 낮다면 선진국은 국내시장마저도 잠식당하게 되어, 과거와 같은 방법으로는 더 이상 생산을 계속할 수 없게 된다. 이러한 상품의 개발에서 타국으로의 이전까지를 제품수명주기라고 하며, 이로써 무역을 설명하는 것이 제품수명주기설이다. 면직공업이 영국에서 미국으로, 다시 일본으로, 그 후 한국을 포함한 개발도상국으로 이전하여 오는 과정들을 설명하는데 적합하다. 이를 도입기, 성장기, 성숙기, 쇠퇴기의 4단계로 구분하기도 한다.

제품수명 주기단계

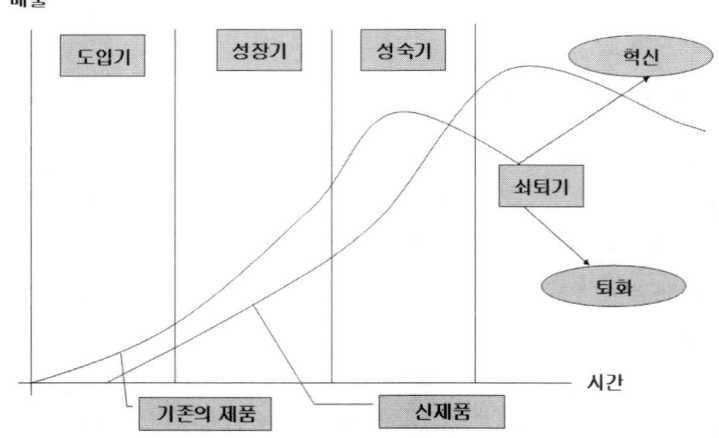

위의 그림에서와 같이 시간의 흐름에 따라 제품의 수명주기는 변하여 간다. 이와 같이 변하는 제품 수명 주기에 따라 적절한 정책을 수립하여 제품의 수명주기에 따른 이익 증대정책을 추진하여야 한다. 따라서 다음의 표에서와 같이 각 단계별 전략을 요약하였다.

제품수명 주기에 따른 경영정책

구분	도입기	성장기	성숙기	쇠퇴기
전략목표	• 신규시장 침투 • 인지도 상승전략	• 가치 확립 전략	• 수익 극대화전략	• 구조조정 • 경영혁신 전략
매출전략	• 매출 확산 전략	• 매출 최고점 지속유지 전략	• 시장에서 우위 전략	• 비용절감 전략
원가전략	• 원가 상승 (다운전략)	• 원가감소 (다운전략)	• 평균원가 유지	• 원가감소 (축소전략)
경쟁자전략	• 소수경쟁자 대응 전략	• 경쟁자 증가에 따른 대응 전략	• 다량의 경쟁자 참여에 따른 전략	• 철수전략 및 대응전략
제품전략	• 품질향상전략	• 품질차별화 전략	• 고품질 및 표준화전략	• 낮은 품질 철수전략
마케팅전략	• 다양한 광고	• 차별화 광고	• 시장세분화 광고	• 광고비용 축소

2) 산업동향분석

산업동향을 분석하는 목적은 과거와 현재의 산업동향 분석 자료를 바탕으로 미래의 동향을 예측하여 이를 바탕으로 전략을 수립하기 위함이다.

산업동향을 분석하는 활동은 구체적으로 기업외부의 환경정보를 검토하고 평가하는 것뿐만 아니라 그 결과를 기업 내 핵심 의사결정권자들에게 배포하는 것까지 포함한다. 이러한 분석활동은 절차상 상당히 많은 비용과 시간을 요하므로 기업은 자사의 현재와 미래에 중대한 영향을 미칠 수 있는 요소들만 추려내어 평가하여야 한다. 산업동향은 거시적 환경동향, 고객동향, 경쟁회사 동향 등이 있다.

산업동향을 분석하는 절차는 자사의 현재 산업의 일반적인 동향을 파악하여 경쟁우위를 확립하기 위한 전략적 시사점을 찾아내기 위함이다. 또한 각각의 산업별 특성을 분석하여 반영한다. 산업동향분석은 구체적으로 분석하며 수치적으로 표현하는 것이 전략수립에 유리하다.

산업동향 분석 사례

구분	분석내용
원자재동향	국내·외 원자재 수급동향, 원자재 시장의 변동현황
시장동향	제품의 시장 규모(국내·외), 시장 변동현황, 원가경쟁 구조
기술동향	현재의 기술수준, 기술개발 속도, 미래의 기술전망
경쟁동향	경쟁자의 동향, 경쟁의 강도(진입장벽, 경쟁업체의 수)
미래의 전망	제품의 미래전망, 향후 발전 동향
성공요인	경쟁요인(품질, 가격, 서비스, 신제품 개발)

3) 추세분석

산업환경 및 경영환경의 추세(trend)는 장기적인 경향을 말한다. 자료상에서 계속적인 수요가 발생하는 것을 의미한다. 시간 축에 따른 평균의 수요가 구조적으로 증가하거나 감소하는 것을 나타낸다. 이것을 그림으로 나타내면 다음과 같다. 다음의 그림에서 (A)는 시간의 경과에 따라 수요량이 감소하는 상태를 나타낸 것이고 (B)는 수요량이 증가하는 추세를 보이고 있다. (C)는 수요량이 S자 곡선을 보이면서 증가하는 형태이다(김계수, 2003).

일반적인 추세변동

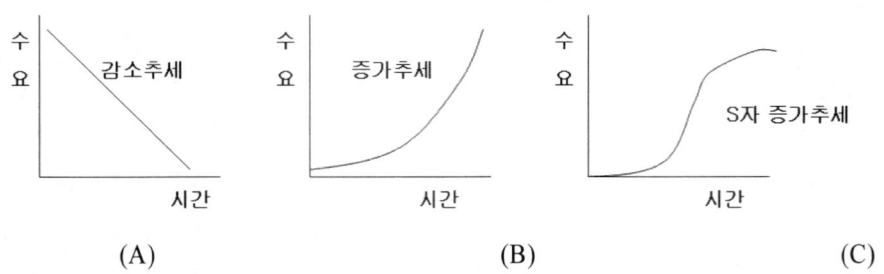

추세변동은 국민총생산, 인구변동, 수출입 변동, 기타 경영 및 경제지표와 같이 시간의 흐름에 따라 증가 또는 감소하는 추세를 말한다. 이러한 추세변동을 분석하는 것은 기업의 매출액 또는 성장성 그리고 시장점유율 등을 비교 분석하여 미래를 예측함으로서 기업전략의 토대로 삼기 위함이다. 일반적으로 추세분석은 3~5년을 분석하여 과거의 자료를 토대로 미래를 예측한다.

성장률 추세분석

구분	매출액	시장점유율	성장성	인구증가율	경제성장율
D-1년 과거	250억	21%	10%	95	8%
기준년도(D) 현재	310억	30%	9%	100	11%
D+1년 예측	360억	35%	5%	115	15%
D+2년 예측	450억	45%	10%	120	10%

4) 시장점유율 분석

시장점유율 분석은 사업의 성패요소가 될 수 있다. 특히 초기의 제품은 객관적인 여러 상황변수에 따라 시장에서의 위치가 달라질 수 있다. 이러한 시장점유율 분석은 기존시장의 과거와 현재의 자료를 통하여 시장의 규모를 분석하며 분석에는 유사품, 대체품 등과 같이 기존의 제품시장에 변화를 줄 수 있는 제품의 동향도 함께 분석한다.

시장점유율은 시장의 특성 및 구조를 분석하여 시장구조를 사전에 파악하여 미래의 불확실성을 예방하고자 한다. 이러한 분석 대상은 유통구조, 유통경로, 동종업계 영업방식, 지역별 시장점유율, 제품이미지, 경영상태, 생산능력 등도 함께 분석하는 것이 유리하다.

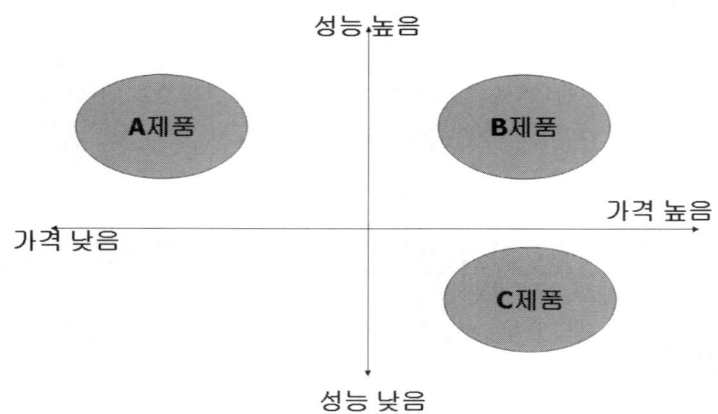

시장에서의 위치정립

이와 함께 경쟁의 위치를 분석함으로써 경쟁 동향도 함께 파악한다. 경쟁자 분석으로 경쟁자의 경쟁 형태는 어떠한가? 또한 경쟁자의 목표와 위치는 어디에 있는가? 경쟁자의 강점과 약점은 무엇인가? 등을 비교분석한다.

시장기회 분석과 시장세분화

	현제품	신제품
현시장	시장침투	제품개발
신시장	시장개발	다각화

5) 산업구조 분석

산업구조 분석은 M. E. Porter가 주장한 산업의 경쟁강도와 수익성을 결정하는 5가지 경쟁요인을 분석하여 경쟁전략 수립의 기초 자료로 활용하기 위함이다. 이러한 다섯 가지 경쟁요인으로는 첫째, 신규진입의 위험으로 신규 진입자는 새로운 능력이나 시장점유율을 획득하려는 욕망 및 실질적인 자원을 기반으로 진입하며 신규 진입자에 의하여 수익성은 가격 경쟁력이나 원가 인플레이션 등이 낮아지게 된다. 둘째, 기존 경정자간의 경쟁강도로 경쟁은 경쟁자들이 경쟁위치의 개선에 대한 압력이나 그 기회를 찾고 있을 때 일어나며 경쟁 양상은 가격경쟁, 광고/홍보 경쟁, 신제품 출시 등이 있다. 셋째, 공급자의 협상력으로 공급자들은 가격을 인상하거나 품질을 저하시키려는 위협으로 협상력을 제고하려고 하며 강력한 협상력을 갖고 있는 공급자들은 더 이상 원가를 상승시킬 수 없을 정도로 수익성을 잠식할 수 있다. 넷째, 구매자의 협상력으로 구매자는 가격인하 및 품질향상의 압력을 통하여 경쟁자간의 수익성을 떨어트리고 있다. 다섯째, 대체재의 위협으로 대체재는 기업이 얻을 수 있는 가격 상한선을 설정케 함으로써 잠재수익을 제한한다 (휴넷경영아카데미, hunet.co.kr).

Chapter Ⅱ 원가절감 PROCESS

산업구조분석 요소

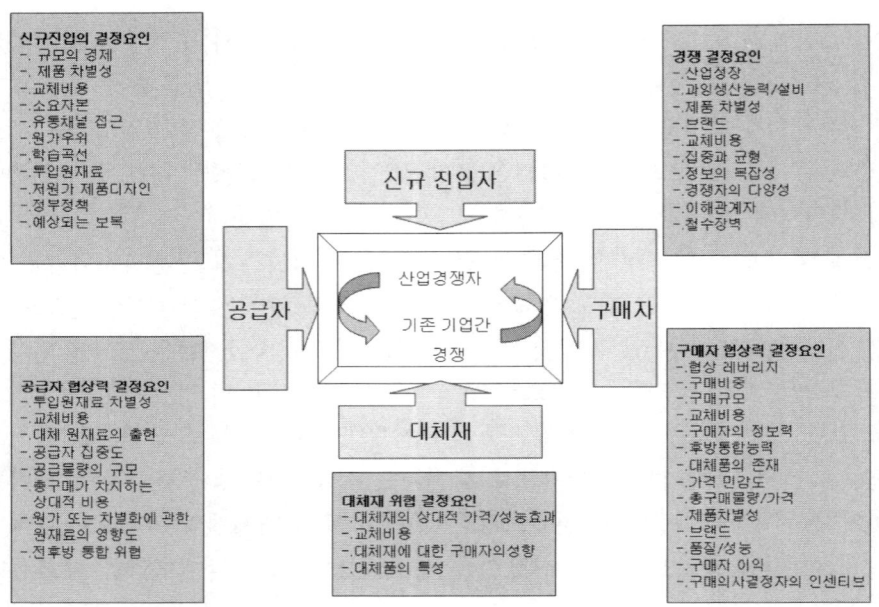

출처 : 휴넷경영아카데미 (hunet.co.kr)

2 환경 분석

1) 외부환경 분석

외부환경 분석으로 경영자는 경영전략에 영향을 미치는 요인을 분석하고 진단하는 것이 경영자의 임무 중 하나이다.

외부환경을 분석하고 진단함으로서 기업의 기회요인을 발견하고, 이러한 전략을 통하여 위협요인을 사전에 분석함으로서 위험(risk)을 제거할 수 있다.

기업의 외부환경 분석은 기업의 경영의사결정 및 경영성과에 미치는 외부요인을 분류하고 외부환경 분석을 통하여 경영에 미치는 현재와 미래의 기회요인과 위협요인을 찾아내어 경영전략 수립의 기본 자료로 활용한다.

일반적으로 외부환경의 분류는 산업 환경으로 고객, 제품, 자원, 경쟁자, 기술력 등이 있으며, 거시적 환경으로는 정치, 경제, 사회, 문화, 환경 등이 있다.

외부환경 요인

Chapter Ⅱ 원가절감 PROCESS

(1) 고객진단

　기업은 본질적으로 고객중심을 통하여 고객을 만족시켜야 기업이 성장하여 나갈 수 있다. 고객중심 경영이란 고객이 본질적으로 추구하는 기본적 욕구를 이해하고 만족시키는 것을 바탕으로 고객조사를 실시하여 목표고객을 선정하고 이에 맞추어 제품이나 메시지를 차별화하려는 정신을 말한다. 다음으로 전사적 마케팅(Integrated Marketing)은 마케팅활동을 고객만족을 추구하는 방향으로 일관성 있게 전개하기 위해 기업의 모든 활동을 마케팅부서 중심으로 통합하려는 노력을 말한다. 그리고 고객만족(Customer Satisfaction)을 추구한다는 것은 고객이 최대의 만족감을 느낄 수 있도록 함으로써 기업은 최대의 장기적 이익을 얻고, 사회적으로는 재화의 최적의 분배를 통한 고객의 복리증진효과를 추구한다는 것을 의미한다. 마지막으로 고객의 장기적 복리증진이란 마케팅활동이 단지 고객의 일시적인 만족에 그치지 않고 그들이 풍요롭고 안전한 생활을 오랫동안 향유할 수 있도록 사회적·생태적·윤리적 문제까지 광범위하게 고려하여 수행되어야 한다는 것을 말한다.

(2) 제품진단

　제품개발(product development)은 현재의 고객들에게 새로운 제품을 제공하는 일이 가능한지에 대해 고려하는 것이다. 여기서 새로운 제품이란 현재의 제품에 새로운 기능을 추가하거나, 포장을 바꾸거나, 새로운 상표를 부착하거나, 또는 사용하는 것은 같지만 용도를 다르게 한 것 등을 말한다. 이와 같은 신제품으로 현재의 시장에서 새로운 시장기회를 발견하기 위해서는 현 제품과 자사상표에 대한 현 고객의 선호도 및 신뢰성, 현 제품 용도의 한계, 고객들의 제품의 품질 및 가격에 대한 선호도 등에 대한 분석이 이루어져야 한다.

(3) 자원진단

　전략가는 자원과 기술변화를 예측한다. 경영자는 원재료의 가격과 조달에 대하여 장기 추세를 검토하게 된다. 또한 중앙은행의 환율변동과 자금조달에 대한 미래의 추세를 분석하여야 한다.

인적자원으로 기술수준의 향상과 수도권으로 생활권 집중으로 숙련된 기술자의 확보가 어렵게 되며 이러한 환경에 따라 근무조건의 향상과 노동비용의 증가를 예측하여야 한다.

(4) 경쟁자의 진단

경쟁 환경을 분석하는데 있어서 시장구조의 변화를 예측하여야 한다. 시장 환경은 매우 빠른 속도로 변화하여가며 경쟁자 역시 빠른 속도로 시장에 침입하였다 사라진다. 따라서 경쟁사의 동향을 면밀히 분석하고 대체상품의 개발을 연구하여 새로운 시장 진출을 추진하여야 한다. 또한 경쟁 환경에서 경쟁사의 성공요소를 분석하여 새로운 자사의 경쟁 우위를 창출하여야 한다. 경쟁우위의 제품이라 할지라도 신규모방업체가 새로이 시장에 진입한다는 것을 명심하여야 한다.

(5) 기술동향의 진단

기업의 새로운 기술 개발로 새로운 시장을 창출하였다 하여도 새로운 도전자, 기술, 도전기업, 모방 기업이 위협을 가하게 된다. 따라서 한 제품이 영원한 기업의 효자상품이 될 수 없다.

새로운 제품의 개발은 연구개발, 신제품 개발팀에서 한두 사람의 아이디어로 개발될 수도 있지만 일반적으로 경영자의 뛰어난 미래 예측능력과 추진력 그리고 지원과 함께 전사원의 혁신 능력을 배양하여 혼연일체가 되어야 새로운 세계에 도전 할 수 있다.

새로운 제품을 개발하기 위하여 제조 공정의 변화도 요구된다. 기술은 앞서가지만 제조공정의 기술 능력이 후퇴한다면 새로운 제품은 생산할 수 없다. 따라서 새로운 제품을 창조하기 위하여 공정의 혁신, 원자재의 혁신, 제품의 혁신, 사람의 혁신이 동반되어야 한다.

산업 환경진단 주요항목

고객	제품	자원	경쟁	기술
시장구조	제품의 위치	인적자원	시장구조의 변화	신기술 개발
소비자 태도	품질수준	공급자환경	경쟁사 동향	신기술 혁신
판매방법	가격 수준	원자재 동향	성공요인의 동향	공정의 혁신
촉진방법	수명주기	기술자원	신규업체의 동향	제품의 혁신
시장규모	신제품 개발	자금능력	유통경로 동향	원자재의 혁신

2) 내부 경영분석

(1) 내부 경영자원 분석

내부 환경 분석은 기업의 현재 자원 및 능력을 분석하여 미래의 비전을 제시하고 실현방안을 수립하기 위함이다. 내부 환경 분석기법으로 BCG Matrix를 이용하여 자사의 각 분야의 강점과 약점을 파악할 수 있으며 과거와 현재를 비교함으로써 미래의 동향을 분석할 수 있다.

또한 경쟁 기업의 동향을 분석하여 자사와 비교분석이 가능하며 미래의 전략을 예측할 수 있다. 이와 같은 분석 기법으로 마이클 포터(Michael E. Poter, 1980)는 기업이 산업 내에서 직면하게 될 경쟁위협을 분석하였다.

본원적 경쟁전략모형(generic competitive strategies model)은 경영수준에서 다양한 프레임웍을 제공한다. 이모형은 제조, 유통, 서비스 등 모든 분야에서 사용할 수 있기 때문에 '본원적(generic)'이라고 한다. 본원적 경쟁전략은 차별화 전략(differentiation strategy), 원가주도전략(cost leadership strategy), 집중화전략(focus strategy) 등이 있다. 다음의 그림은 포터의 본원적 경쟁전략 모형을 나타내고 있다(박영배 외, 2004).

2단계 : 전략수립

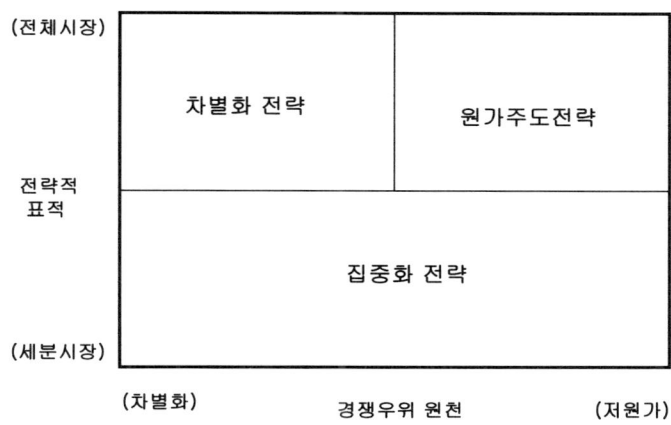

본원적 경쟁전략 모형

그림에서 수직축은 전략적 표적차원으로 경쟁하려는 제품 또는 서비스와 관련된 시장의 크기를 말한다. 즉 특정 세분시장에서 또는 전체시장에서 하는 것으로 나뉠 수 있다. 수평축은 제품과 서비스에 대한 저원가 또는 차별화로 인식되는 경쟁우위 원천을 의미한다.

차별화전략

차별화전략(differentiation strategy)은 고객이 독특성을 인식할 수 있도록 산업 내에서 경쟁할 수 있도록 하는 전략을 말한다. 이 전략은 자동차산업에서 지배적이다. 예를 들어, 혁신적인 디자인(BMW), 고품질(도요타), 브랜드이미지(메르세데스), 고객서비스(렉서스), 넓은 영업망(포드, GM) 등이다. 차별화의 장기적인 효과성은 경쟁자가 쉽게 모방하지 못하게 하는데 있다. 경쟁자가 쉽게 모방하면 더 이상 차별화전략은 의미가 없게 된다.

Chapter Ⅱ 원가절감 PROCESS

● 원가주도전략

원가주도전략(cost leadership strategy)은 경쟁기업보다 낮은 가격으로 제품과 서비스를 제공하는 것을 의미한다. 이 전략은 지속적으로 효율성(단위당 원가절감)에 관심을 갖는다. 예를 들면, 규모의 경제를 통한 시설과 장비 이용률을 증대시키고 간접자본투자를 줄이고, 노동집약적인 개인서비스와 판매 인력을 감축하는 것이 해당된다. 최근 오프라인(off-line)상의 기존 서점들이 인터넷상에서 서점을 운영하여 낮은 가격으로 서적을 판매하는 것은 원가주도전략의 한 예라고 할 수 있다.

● 집중화전략

집중화전략(focus strategy)은 특수한 틈새시장(niche market)이나 특정 지역에서 경쟁하는 것을 말한다. 틈새(niche)는 전문화된 고객집단(10대, 의사, 연예인) 또는 경쟁자가 간과하거나 무시하는 시장을 말한다. 이 전략이 성공하려면 독특한 이미지나 저원가의 두 가지 특성을 모두 갖춘 제품이 되어야 한다. 10대들에게 독특한 캐릭터 상품을 판매하는 전략은 좋은 예라고 할 수 있다.

(2) 총괄 경영자원 분석

BCG 매트릭스는 사업단위별로 시장전략을 결정하기 위하여 사업부별로 장점을 서로 비교하여 줄 수 있게 하여준다. BCG 매트릭스는 이전에 확립된 경영이론인 경험곡선이론과 제품수명주기 이론을 통합시켰다. BCG매트릭스는 경험곡선의 영향으로 인하여 생산량이 증가할 때 단위당 비용이 감소한다는 사실을 밝혔다. 또한 기업의 총체적 수익성을 극대화하기 위한 가장 확실한 방법은 SBU 포토폴리오의 시장점유율을 극대화하는 것으로 제품수명주기에서 제시하였던 포토폴리오 매트릭스의 독립변수인 시장점유율확대와 같은 맥락에 있다.

BCG 매트릭스는 상이한 제품과 사업부를 비교하기 위하여 시장매력도와 경쟁포지션으로 표기한다. 시장매력도는 산업 성장률로 측정되며 경쟁포지션은 산업내의 가장 큰 경쟁사의 시장점유율에 대한 자사의 시장점유율에 의해 측정된다. BCG 성장 매트릭스는 다음의 그림과 같다.

BCG 성장매트릭스

기대시장 성장률	상대적 시장점유율 고	상대적 시장점유율 저
고	별 ★	물음표 ?
저	현금젖소	개

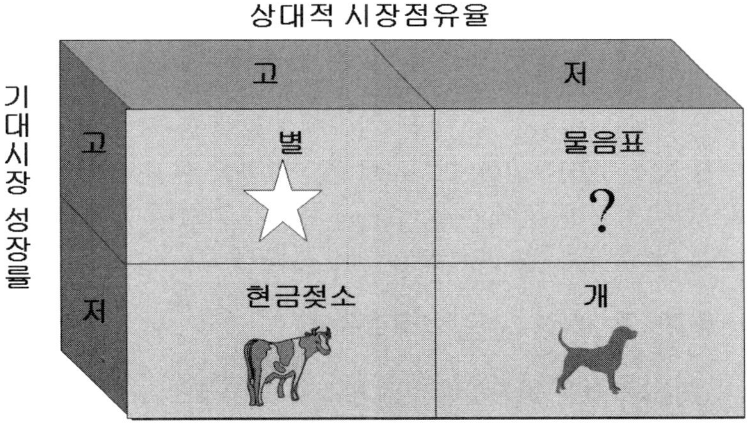

● 별 (높은 성장률, 높은 시장점유율)

별의 높은 성장률은 대규모 자금투자를 필요로 한다. 그러나 이와 같은 투자를 낮추기 위하여 시장 점유율 포지션을 높인다. 그러므로 별은 가까운 장래에 높은 마진을 창출하고 잠재적으로 강력한 현금흐름을 가능하게 할 것이다. 따라서 별은 궁극적으로 현금젖소(cash cow)가 될 것이다.

● 물음표(고성장율, 낮은 시장점유율)

높은 성장률을 갖는 물음표(Question Marks)는 많은 현금투자를 필요로 한다. 이는 낮은 시장점유율이며 비경쟁적 구조를 말한다. 제품이 성숙단계에 접어들면 물음표는 시장점유율을 확대할 수 없다면 개(Dog)가 될 것이며, 반대로 시장점유율이 확대되면 별(Star)의 위치로 올라가 자금젖소가 된다. 따라서 유망한 물음표에게는 시장 확대를 위하여 현금투자를 그러하지 않은 물음표에는 추가적 투자를 억제할 것을 제안한다.

● 현금젖소(낮은 성장률, 높은 시장점유율)

현금젖소(cash cow)는 높은 현금흐름을 창출한다. 성숙시장에 있는 제품은 낮은 현금투자를 요구하여 현금흐름의 원천이 된다. BCG 매트릭스는 현금젖소가 현재의 위치를 유지하기 위하여 투자 전략에 의하여 현금을 회수하여 별이나 물음표에 투자한다.

● 개(저 성장, 낮은 시장점유율)

개(Dog)의 낮은 시장점유율은 열등한 위치로 인하여 비경쟁적인 비용구조를 갖고 있다. 따라서 수익성이 낮은 시장점유율을 유지하는데 많은 투자를 요구하게 된다. 따라서 개의 위치에서는 틈새시장이나 세분시장에 집중하거나 적극적으로 현금을 회수하거나 퇴출 또는 서서히 중단시킨다.

이와 같은 BCG 매트릭스와 SWOT 분석을 통하여 기업의 총괄전략을 수립하기 위한 전략은 그림과 같다.

2단계 : 전략수립

총괄전략

기업의 상태		환경상태	
		풍부한 기회	치명적 위협
유익한 강점		성장전략	안정전략
치명적 약점		안정전략	축소전략

● 안정전략

동일한 제품 또는 서비스를 동일한 고객에게 제공하여 시장점유율을 유지하여 나간다.

● 성장전략

조직의 활동수준인 구성원, 매출액을 증가하여 성장전략을 추진한다. 또한 사업을 집중화, 수직적 통합, 다각화 전략을 추진한다.

● 축소전략

경영활동 규모와 다양성 감소전략을 수립한다. 긴급-우회, 양도, 청산 등의 절차를 취할 수 있다.

Chapter Ⅱ 원가절감 PROCESS

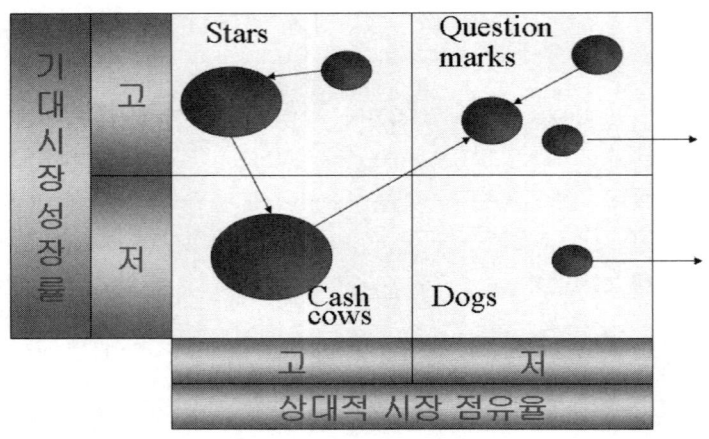

균형 잡힌 사업포트폴리오 사례

⟶ : 긍정적변화

3 경영계획 수립

비전 및 경영전략 수립과 산업동향 분석 그리고 내·외부 환경분석을 통하여 미래지향적 경영전략을 수립하면 경영혁신의 초점과 대상 그리고 원가절감의 기본방향을 수립할 수 있다. 다음은 수립된 경영계획서를 분석하여 문제점을 도출하였다. 경영계획서 작성 사례는 Chapter 5에서 상세하게 소개하였다.

1) 수주분석

총괄 수주계획서를 차트로 분석하여 문제점을 찾아본다. 다음의 수주계획 그래프에서 차기년도 수주계획이 전년도 실적 이하로 낮게 나타나고 있다. 이와 같은 문제점은 여러 가지가 있을 수 있다. 따라서 관련된 직원들이 모여서 브레인스토밍을 통한 문제점 도출 및 대안을 찾을 수 있다.

문 제 점
- 경기침체
- 신규 업체 진입
- 경쟁사 가격 다운정책
- 신제품 또는 대체상품 부족

Chapter Ⅱ 원가절감 PROCESS

수주분석 그래프

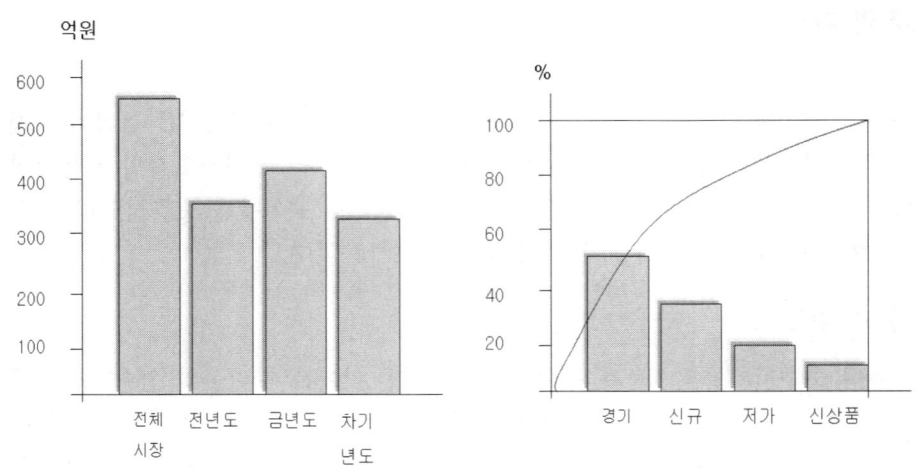

문제점 분석에서와 같이 수주하락의 주요변수로 경기침체와 신규업체 진입으로 차기년도 수주가 하락될 것으로 예상된다. 그러나 기업에서 수주하락을 방관 할 수는 없다. 돌파구를 찾아야 한다. 어떤 돌파구를 찾을 것인가?

문제점을 찾았으니 대안을 수립하여야 한다. 문제점에 대한 대안은 아이디어 창출과정을 통하여 아이디어를 찾아보고자 한다.

2) 수금분석

일반적으로 우리나라의 상거래에서는 어음결제와 현금결제로 구분하여 분석한다. 특히 어음결제의 경우 결제일자의 장·단기일에 따라 할인율 및 이자부담이 반영되어야 한다. 다음의 그래프에서 볼 수 있듯이 차기년도에는 어음결제가 현금결제보다 높게 나타나고 있다. 따라서 관련 직원들의 회합을 통하여 어음결제가 높은 이유를 분석하고 대안을 수립한다.

문 제 점
- 전년도 모기업의 품질경영평가에서 평가점수가 낮아 현금결제에서 어음결제로 변경되어 어음 수금이 증가됨
- 전년도 납기준수율이 저조하여 현금결제에서 어음결제로 변경되어 어음 수금이 증가됨

수금 그래프분석

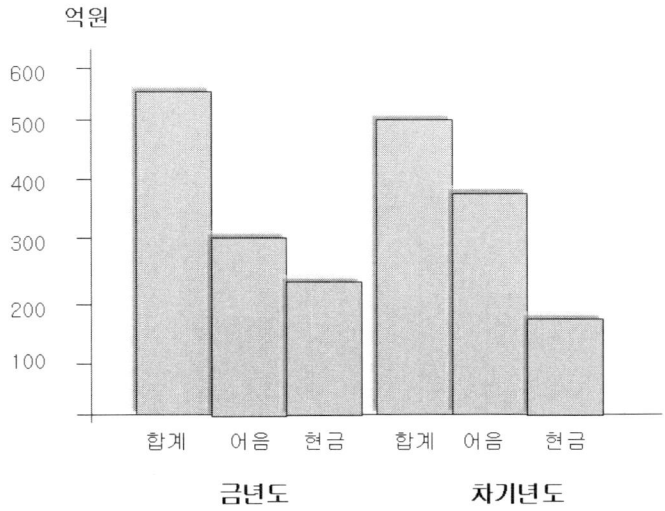

Chapter Ⅱ 원가절감 PROCESS

3) 생산성 분석

생산의 문제는 생산부서에서 만의 책임이 아니다. 기업의 경쟁력을 강화시키려면 통합차원에서 기업의 모든 조직이 함께 작용하여야 한다. 기업의 가치 창조를 위하여 모든 부서가 가치사슬의 개념 하에서 품질, 납기, 원가, 유연성, 서비스를 개선하여야 한다. 다음의 그림에서와 같이 기업의 생산성이 경쟁사보다 또는 산업의 평균과 비교하여 낮은 것을 알 수 있다. 생산성 경쟁력 저하원인으로 제조방법의 문제, 숙련공 부족, 설비노후, 근로의욕 저하 순으로 분석되었다. 문제의 원인을 발견하였으므로 개선의 초점을 찾을 수 있다.

문 제 점
- 생산 라인의 생산방법에 문제가 있다.
- 숙련공이 부족하여 생산성이 떨어지고 있다.
- 설비가 노후되어 생산성이 떨어지고 있다.
- 조직문화가 와해되어 근로의욕이 부족하다.

생산성 그래프분석

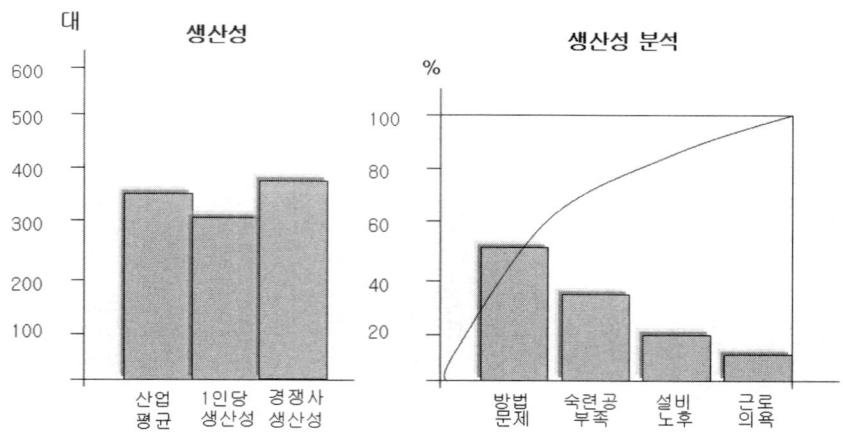

4) 매출부진 분석

　수주와 생산의 문제는 매출부진으로 연결된다. 매출은 기업의 경쟁력이며 생명력이다. 매출 하락을 그냥 두고 볼 수는 없다. 기업가라면 누구나 매출부진에 촉각을 세우게 된다. 매출부진은 전반적인 문제에 의하여 발생하지만 중요요인을 분석하면 경기하락에 따른 수요 감소와 신규 경쟁업체의 진입, 신상품 출시 지연 및 마케팅 능력 부족으로 파악되고 있다. 이외에도 더 많은 부진 변수가 있다. 이와 같은 문제점이 발견되었으므로 새로운 돌파구를 찾아야 한다. 문제점 분석 이후 우리는 개선전략 수립단계에서 새로운 아이디어를 찾아본다.

문 제 점
- 경기침체
- 신규 경쟁자 시장 참여
- 신 상품출시 지연
- 마케팅 능력이 경쟁사 보다 떨어짐

매출액 그래프분석

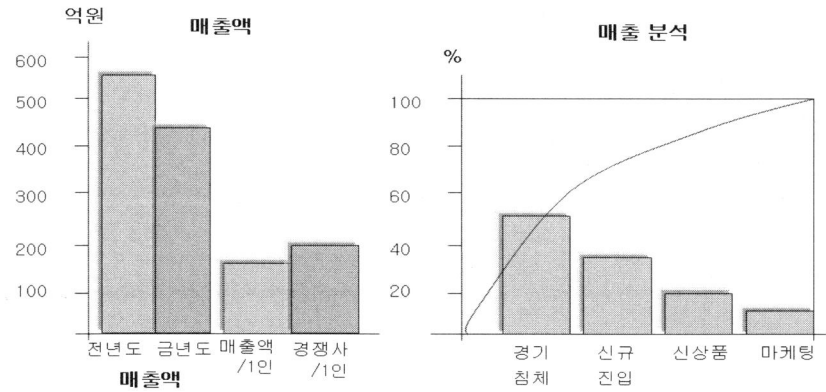

Chapter II 원가절감 PROCESS

5) 재고분석

　재고를 보유하게 되는 이유는 생산능력을 평준화하고 생산 활동을 원활하게 하기 위한 목적과 생산일정을 신축성 있게 추진하고 리드타임 (조달기간)에 대응하기 위함이며 수요변동에 따른 대응 전략으로 재고를 보유하게 된다. 그러나 재고는 창고에 자금을 쌓아 두는 유동자금의 신축성을 저해하는 주요원인으로 재고를 제로화하는 것이 기업의 목표이다. 도요다 경영의 목표 중의 하나가 재고 제로를 추진하는 것으로 보유 재고를 없애기 위한 방법으로 JIT (Just In Time) 시스템을 개발하게 되었다.

　다음의 그림에서와 같이 재료, 제품, 부품의 재고가 증가하고 재공, 미착재고가 감소하였다. 재고 증가의 원인을 분석하면 재료는 장기 미생산재고, 안전재고량 증가, 생산차질 등이고, 제품 재고는 초과 생산, 판매부진, 과도한 잔업 등이며, 부품은 빠른 A/S지원을 위한 재고량 확보, 수요파악 미흡 등의 문제점을 찾을 수 있었다. 브레인스토밍을 통하여 재고를 제로화 하는 대안 수립이 필요하다. 재고의 문제는 자재관리 부서의 독자적 책임만은 아니지만 재고를 축소하기 위하여 자재관리부서에서 주관하여 축소전략을 추진하는 것이 효율적이다.

문 제 점
- 장기 미생산 모델의 조립용 부품재고 증가
- 자재관리팀에서 안전재고량 증가
- 생산계획대비 실적 부진에 따른 부품재고 증가
- 제품재고 증가는 생산팀의 생산실적 초과달성으로 증가되었으며, 생산실적 증대를 위하여 잔업 증가
- 생산성 향상을 위한 무리한 작업진행

2단계 : 전략수립

재고금액 그래프분석

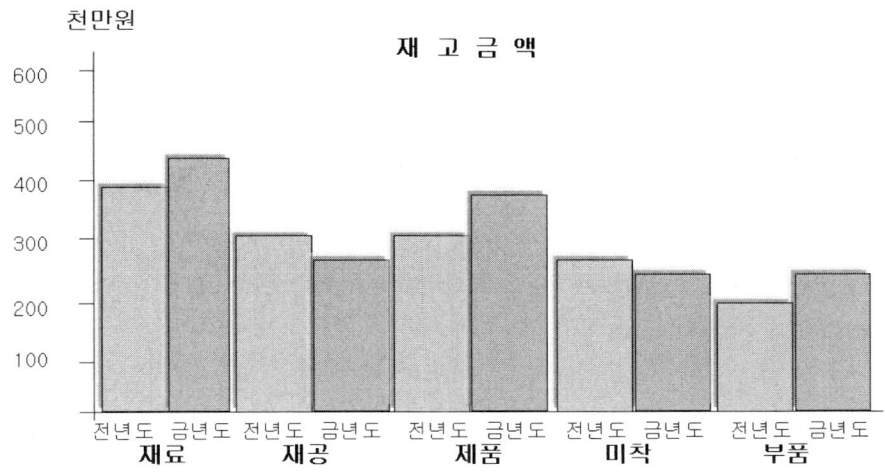

Chapter Ⅱ 원가절감 PROCESS

6) 인원분석

인원은 매우 신중하게 판단하여야 할 부분이다. 경영에서 중요하지 않은 부분이 없겠지만 우리나라 기업환경의 경우 강성노조와 채용시장의 불안정 그리고 해고의 어려움 등으로 직원을 확보하기가 어렵다. 또한 중소기업의 경우 우수한 인력을 확보하여도 대기업 등의 이직으로 우수 인적자원을 보유하기가 어렵다고 한다. 이러한 중소기업의 큰 문제점을 보고만 있을 수 없다. 중소기업도 평생직장으로 근무하는 직원들이 많이 있다. 왜 이들이 대기업으로 이동하지 않고 평생직장으로 몸담고 있을까? 우수한 중소기업을 벤치마킹을 하여 인적자원을 확보하는데 좋은 아이디어를 찾아야 한다.

다음의 그림에서와 같이 정부정책의 변화로 계약직 및 파견 근로자들을 정규직으로 전환하도록 정책을 펴고 있어 금년도부터는 직영 인원을 증가 시키고 외주 인원을 점차 축소하는 전략을 수립하였다. 이러한 전략에 따라 인건비 상승이 예상되고 비숙련 근로자들의 숙련화가 요구되고 있다.

영업부서의 판매부진 해소 전략으로 해외 시장 개척 및 신규시장 개척을 위하여 영업부서의 인원도 증가하였다. 또한 신제품 개발을 위하여 관리부문도 증가하였다. 전반적으로 매출은 감소하고 있으나 인원은 증가하는 추세를 보이고 있다. 문제점은 없을까? 당장의 문제점은 인건비 상승에 따른 자금 부담이다. 인원을 증가한다고 생산성, 매출액, 신제품이 당장 눈앞에서 증가되는 것은 아니다. 따라서 장기적인 분석을 통하여 문제점을 추적하여야 한다.

문 제 점
-. 정부정책의 변화로 비정규직을 정규직으로 전환 및 일용직을 직영화함
-. 판매부진을 극복하기 위하여 해외영업팀의 인원증가
-. 신제품 개발을 위하여 제품개발팀 인원 증가

2단계 : 전략수립

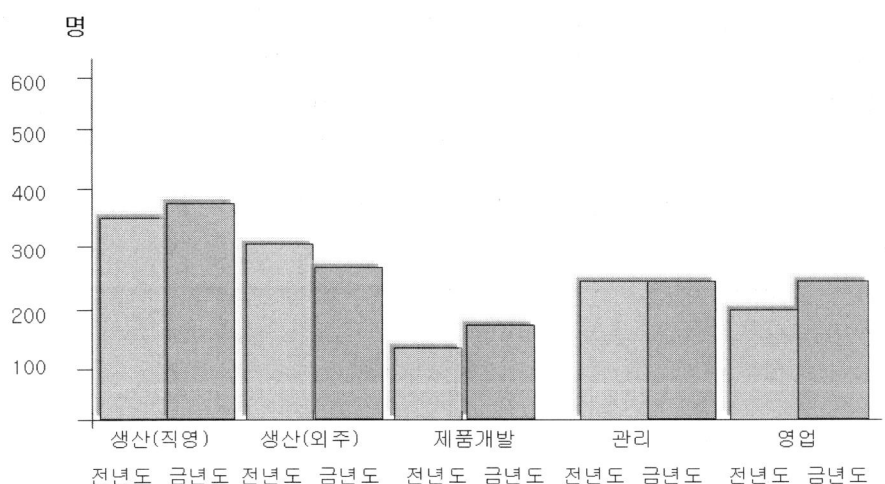

인원 그래프분석

7) 인건비분석

　인건비 부분에서 볼 수 있듯이 경쟁사와 또는 산업평균과 비교하면 우리 회사의 인건비가 높게 나타나고 있다. 그러나 근본 문제점은 경쟁사보다 생산성 및 1인당 매출액이 떨어지고 있음을 알 수 있다. 경쟁력에서 뒤지고 있지만 인건비는 높게 지출되고 있다는 것을 볼 수 있다. 이러한 문제의 원인은 무엇일까?

　문제점을 찾아내어 개선의 주제로 선정하고 혁신의 초점을 맞추어 보아야할 과제들이다.

문 제 점
-. 생산성이 낮으며 인건비 상승의 원인은 평균임금이 경쟁사 보다 높다.
-. 비숙련공이 많아 생산성이 낮다.
-. 노조의 무리한 임금인상 요구로 인건비가 상승되었다.
-. 경쟁력 향상을 위하여 인원을 증가하였다.

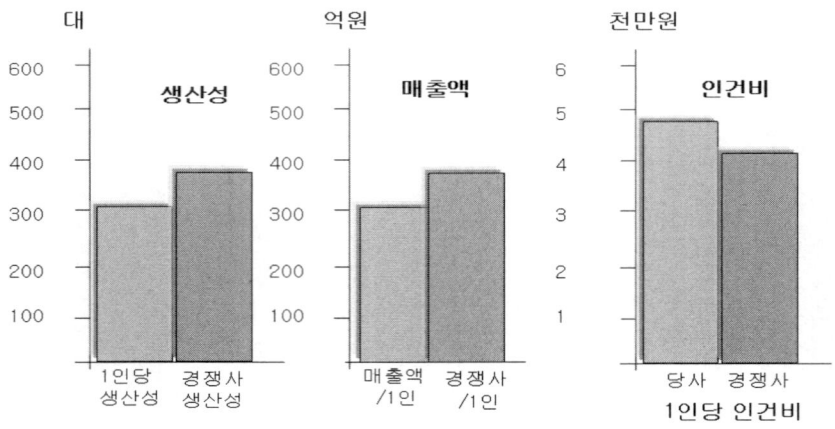

인건비와 생산성 그리고 매출 비교

2단계 : 전략수립

8) 손익분석

　손익분석은 손익계산서를 분석하여 목표 또는 동종업계, 경쟁사 등과 비교하여 미달성 부문을 집중 분석하여 혁신의 초점으로 도출한다. 그림에서와 같이 전체를 비교하면 문제의 원인을 큰 그림에서 볼 수 있다. 큰 그림을 놓고 세부적으로 분석하면 원인 추적이 가능하다. 문제의 원인이 파악되면 경영 개선의 목표로 선정하고 개선 대안을 수립한다.

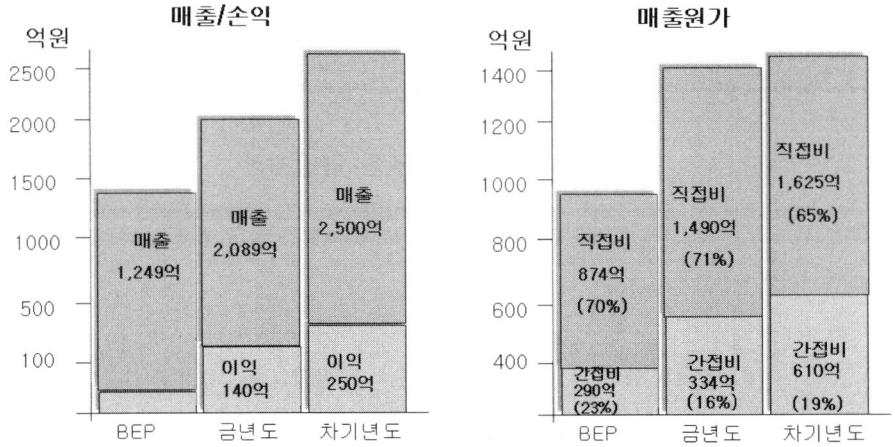

매출손익 분석

Chapter Ⅱ 원가절감 PROCESS

손익계획 요약분석

[단위 : 억원]

구분		BEP	금년도	차기년도	차이	비고
	매출액	1,249	2,089	2,500	↑ 411	-.절감계획
매출 원가	직접비	874	1,490	1,625		
	비율(%)	70%	71%	65%	↓ 6%	
	간접비	290	334	610		재료비절감 : 116억
	비율(%)	23%	16%	19%	↑ 3%	인건비절감 : 13억
	합계	1,164	1,900	2,235		공수절감 : 20%
	비율(%)	93%	91%	84%	↓ 7%	영업부문 : 64억
판관비		85	125	150		간접부문 : 25%
영업이익		0	140	250	↑ 110	
비율(%)		0 %	7%	10%	↑ 3%	

손익 목표달성을 위한 경영초점

항목	경영초점	비고
재료비	1. 부품 공용화 및 재질 스펙(Spec) 개선 2. 협력업체 육성을 통한 자재단가 인하 3. 자재 Global Outsourcing	
노무비	1. 무작업 공수 극소화를 통한 공수절감 20% - 외주자재 결품률 'zero'화로 대기 공수 및 재작업 공수제거 - 설비 및 Line예방 보전 완벽하게 실시 2. 사무 생산성 및 간접직 생산성 25% 향상 - Process 혁신을 통한 불필요한 업무 제거 및 간소화 - 목표 미달성 시 상여금 반납	
영업부문	1. 적극적인 시장 공략 - Sales Mix 조정 : 품목별 조정 - 영업사원 활동력 강화 : 영업활동비 현실화 2. 판매단가 조정 : 저가 및 할인정책 재조정 3. 해외영업 활성화 - 광고 및 홍보전략 수정 - 품질보증 및 A/S 개선	

2단계 : 전략수립

라인운영	1. 생산 물량 증대에 따른 라인 개선 - 외주 이관으로 라인 재배치 - 가동률 향상 : 무작업 공수 최소화 - 자재직배 개선 : Lot 단위 투입에서 JIT실시 2. Flexible Line 운영 : TPS 도입	
영업이익	1. 영업이익 미달성 : 목표 140억 → 실적 120억 - 영업부문 손실액 : 11억 　. 매출 미달성　 : 2억 　. 저가판매　　 : 5억 　. 판매보조　　 : 4억 2. 공장부문 손실액 : 9억 - 재료비증가　　: 3억 - 능률저하　　　: 6억	↓20억 미달성

　이와 같이 분석하여 보면 경영혁신 대상의 큰 그림과 원가절감의 기본 방향과 목표를 설정할 수 있다. 또한 동일한 방법으로 경영정책을 분석하면 기업의 전반적인 문제점을 볼 수가 있다. 이와 같은 문제점을 찾았으면 전사원이 하나가 되어 혁신과 원가절감을 위하여 문제의 프로세스를 분석하고 개선한다.

　사업계획은 전사적으로 작성하였으나 규모가 큰 기업의 경우 필요하면 부서별로 또는 팀별로 사업계획서를 작성하여 부서별, 팀별 손익계획과 예산을 편성하여 달성목표를 설정할 수 있다. 부서별, 팀별로 사업계획서를 작성하면 철저한 원가 개념이 증대되고 부서장, 팀장 중심의 팀워크가 강화된다.

Chapter Ⅱ 원가절감 PROCESS

3단계 프로세스 분석

1. 낭비의 원인분석

프로세스 분석은 문제의 원인을 분석하여 문제를 찾아내는 단계로서 문제는 핵심 프로세스 분석과 낭비의 원인 분석의 두 축으로 구분하여 분석한다.

1) 비용발생 원인분석

낭비원인의 모든 핵심 프로세스를 찾아내고 품질비용 항목을 도출하는 것은 불가능 할 것이다. 그러나 누구나 낭비의 근본원인을 알고 싶어 하고 문제의 원인과 프로세스를 추적하려고 한다. 처음부터 모든 낭비의 원인을 추적하기는 어렵다. 따라서 전략적으로 개선이 필요한 항목만을 도출하고 여기서 발생되는 낭비의 비용을 정량화하여 개선전략을 추진하는 것도 바람직한 방법이다. 따라서 분석단계를 어느 범위까지 할 것인가를 미리 정하여 두는 것도 효과적인 분석방법의 하나이다.

3단계 : 프로세스 분석

Q-Cost 산출내역

COST 구분		산출항목	산 출 내 용
실패비용 <F/COST>	사내(I-F)	폐기품손실자재비	사내작업부적합의 폐기나 기타 유실자재(SCRAP, SAMPLE, 유실 등)으로 인해 손실된 폐기자재비용
		손실노무비	폐기자재와 관련하여 발생되는 손실노무비
		손실제조경비	폐기자재와 관련하여 발생되는 손실제조경비
		공정수리비용	부적합품을 수리 또는 손질하는데 소요된 작업시간에 대한 인건비, 경비
		부적합재작업비용	불합격 LOT품의 양부 선별검사 및 선별된 부적합품의 재작업시간에 대한 인건비, 경비
		자재부적합유실비용	부적합자재로 인해 생긴 작업자의 작업유실시간에 대한 인건비, 경비
		자재품절유실비용	자재품절로 인해 생긴 작업자의 작업유실시간에 대한 인건비, 경비
		공정불균형유실비용	기종변경이나 단종 및 기타 사유로 인해 생긴 작업자의 작업유실시간에 대한 인건비, 경비
		기계고장유실비용	기계고장에 의해 생긴 작업자의 작업유실시간에 대한 인건비, 경비
		품질문제대책비용	품질문제 발생에 대한 대책 및 조치에 소요된 비용
		설계변경유실비용	최초의 설계 SPEC 잘못으로 재설계할 경우에 발생되는 인건비, 경비
	사외(E-F)	A/S 수리비용	USER에서 발생, 발견된 부적합품을 수리하는데 소요된 수리시간에 대한 인건비, 경비
		A/S 환품비용	USER에서 발생, 발견된 수리불가 부적합품을 교체해 준 환품수량에 대한 비용(판매금액, 소요경비)
		USER 공정손실비용	당사 부적합품으로 인한 USER공정 유실시간에 대한 지급비용
		CLAIM 비용	USER에서 당사 품질문제로 인해 생긴 손해를 보상해 준 비용

COST 구분	산출항목	산 출 내 용
평가비용 (A-COST)	공정검사비용	제조라인의 조립공정검사 및 부품가공검사에 소요된 공정검사인원의 작업시간에 대한 인건비, 경비
	출하검사비용	완제품 및 반제품의 출하검사에 소요된 검사인원의 작업시간에 대한 인건비, 경비

Chapter Ⅱ 원가절감 PROCESS

	원자재수입검사비용	원자재 및 구입품의 수입검사에 소요된 검사인원의 작업시간에 대한 인건비, 경비
	외주품수입검사비용	외주조립품 및 외주가공품의 수입검사에 소요된 검사인원의 작업시간에 대한 인건비, 경비
	신뢰성검사비용	각 제품의 신뢰성 (정밀측정)에 소요된 신뢰성검사인원의 작업시간에 대한 인건비, 경비
	계측기검교정비용	계측기 (검사/측정/시험장비)의 정기검사와 교정에 소요된 검교정인원의 작업시간에 대한 인건비, 경비
예방비용 (P-COST)	업무계획추진비용	업무를 계획, 추진하는데 소요된 비용 (회의비, 교육훈련비, 행사비, 도서인쇄비)
	품질교육비용	품질향상 및 의식제고를 위해 실시된 사내/외 QC 교육시간 및 소요경비에 대한 비용
	품질사무비용	품질관리를 위한 QC부서 사무인원에 대한 인건비 및 사무용품에 대한 비용
	품질기술비용	품질향상과 관련하여 발생되는 제반 기술도입 및 조사연구, 설비구입에 소요된 비용
	제안시상금	개선안 제안의 평가 및 채택제안에 대한 채택시상금에 지급된 비용
	분임활동시상금	분임활동의 테마 평가 시상금에 지급된 비용

P-cost : Prevention cost
A-cost : Appraisal cost
F-cost : Failure cost

    다른 한편으로는 분석단계에서 적용할 부서의 범위이다. 일반적으로 제조기업은 생산부분과 지원부문으로 분류하는데 이들 부서 중 중점 분석대상을 선정하는 것이다. 일반적으로 품질코스트는 생산관련부서에서 발생되는 항목이 크고 많으므로 우선 대상은 생산관련부서이고 추후 지원부서 즉, 간접부문을 대상으로 선정한다.

    또한 분석지표로 분석 대상의 기준이 되는 지표를 설정하고 비교분석하는 것이 효율적이다. 분석지표로 사용되는 자료는 사업계획서, 전년도 실적자료, 동종업계 자료 등을 활용하며 분석은 재무적 성과와 비재무적 성과로 나누어 분석할 수 있다. 이러한 부서별 성과지표는 다음의 표와 같다.

3단계 : 프로세스 분석

부서별 주요성과 지표

구 분	주요 기능부서	주요 성과지표
영업부문	마케팅	광고비, 판촉비 등
	판매	매출액, 매출이익, 채권회수율, 시장점유율 등
	서비스	유상수리비용, 무상수리비용, 재수리율 등
개발부문	설계	신제품 매출기여도, 시방변경 건수, 개발 달성율 등
	규격인증	규격획득 건, 규격인증비 등
관리부문	총무	복리후생비, 회사버스/중장비 운용비 등
	인사	교육훈련비, 성과포상금 등
	노무	산재율, 산재보상금 등
구매/자재 부문	구매	납기율, 수입검사불합격율, 구매단가 인하 등
	자재관리	물류관리비, 불용자재폐기율, 재고회전율 등
	협력업체관리	기술지도비, 인증지원비, 자금지원비 등
생산부문	부품가공	재가공비, 합격률, 생산성 등
	완성품 조립	재조립비, 생산성, 합격률 등
	자주검사	검사비용, 재검사비용 등
	설비관리	고장수리비용, 불용스크랩 폐기비용 등
생산기술 부문	시제품제작	제작비용, 제작일정 준수 등
	공정설계	표준변경 건, 셋업 타임 절감 등
품질부문	품질경영	규격 인증 및 관리비용
	품질보증	신뢰도 향상, 내구시험시간 단축 등
	품질관리	합격률, 품질개선 건수, 재발방지 건수, 협력업체품질개선 건 등

출처 : 송재근(2006), Q-COST & COPQ.

   품질비용 항목 추적으로 P-Cost는 계획코스트, 기술코스트, 교육코스트, 사무코스트로 분류되며 계획코스트는 품질경영 계획 및 시스템을 도입하기 위한 조사, 섭외 등에 소요되는 비용으로 조사비, 계획 등이 있다. 기술코스트는 평가, 입증, 기술지원 등에 소요되는 비용으로 통계사무비, 교섭비, 사무비 등이 있다. 또한 교육코스트는 교육 등에 소요되는 비용으로 전사 교육비 등이 있으며, 사무코스트는 사용품, 통계용 기구 등으로 사무용품비, 잡비 등이 있다.

Chapter Ⅱ 원가절감 PROCESS

    F-Cost에서 폐각코스트는 판매 이전에 부적합으로 폐기되는 손실코스트로서 재료비, 검사비, 간접경비 등이 포함되며, 재가공코스트는 판매 이전의 부적합으로 사내공정에서 재작업에 따른 손실코스트로서 검사비, 간접 경비, 재가공 직접비 등이 있다. 외주부적합 코스트는 외주 업체에서 납품하기 이전에 검사 부적합에 따른 손실코스트로서 재료비, 검사비, 조달비 등이 있으며, 설계변경 코스트는 설계 변경에 따른 손실코스트로서 설계변경비용, 구입재료비, 치공구비용 등이 있으며, 현지 서비스 코스트는 납품 후 발생되는 무상서비스 비용으로서 보증과 상관없이 생산자 책임에 의하여 발생되는 비용으로 출장비, A/S재료비, 수리비, 경비 등이 있다. 또한 대품 서비스 코스트는 이미 판매된 제품이 제조업체의 책임으로 인하여 대체품으로 교환하여주는 비용으로서 대체품 가격, 운임 등 경비가 있으며, 부적합대책 코스트는 부적합을 방지하기 위한 회의비, 부적합조치비 등에 소요되는 비용이다.

    A-Cost에서는 수입검사 코스트로 구입제품, 부품, 원재료, 가공품 등의 검사비 등에 소요되는 비용이며, 공정검사 코스트는 서브공정 및 공정검사에서 발생하는 검사비 등이며, 완성품 검사코스트는 완성품의 최종검사에 소요되는 검사비 등이 있다. 그리고 시험 코스트는 검사 이외의 특정 프로젝트의 실시시험 비용으로 시험재료비, 기능 시험비, 신뢰성검사비 등이 있으며 PM 코스트는 시험기, 측정기 등의 수입검사, 정기검사, 조정수리, 기준기의 점검 등에 소용되는 비용이다.

3단계 : 프로세스 분석

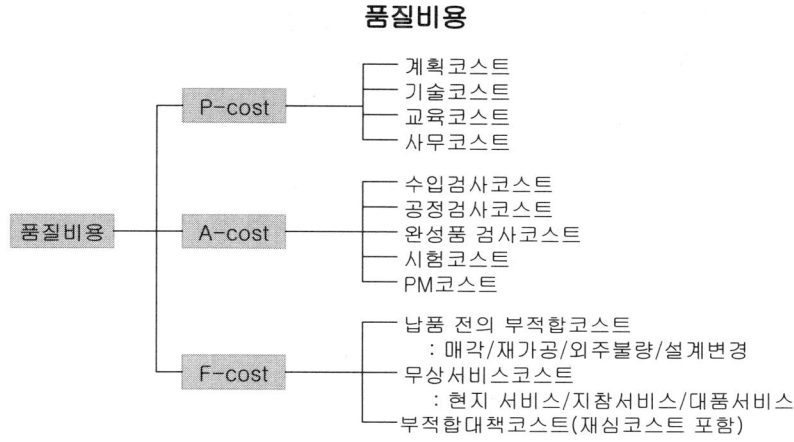

이와 같이 품질 코스트를 분석하여 낭비의 원인을 추적하고 개선대상으로 선정할 수 있다. 발생된 품질 코스트를 항목별로 분류, 집계하여 그래프로 작성하면 품질경영의 우선 대상을 한 눈에 볼 수 있다.

품질비용의 문제점
- F-Cost가 타 비용보다 높게 나타나는 것은 부적합에 따른 폐기량이 증가하였다.

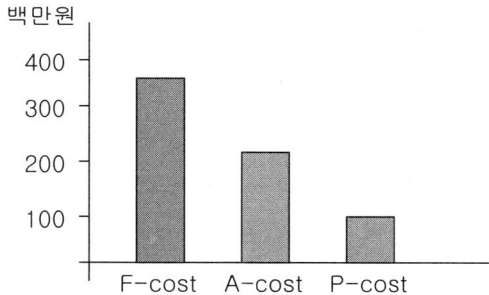

Chapter II 원가절감 PROCESS

P-Cost의 문제점
- 품질경영이 도입되었으나 기술적 부족으로 기술 Cost가 높게 투입

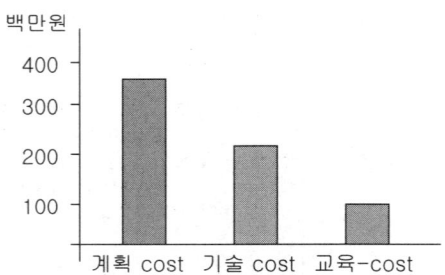

P-Cost 발생 원인별

F-Cost의 문제점
- 공정작업 중 부적합이 증가하여 폐기되는 비용이 높고, 부적합품 재작업 비용이 높게 나타났다.

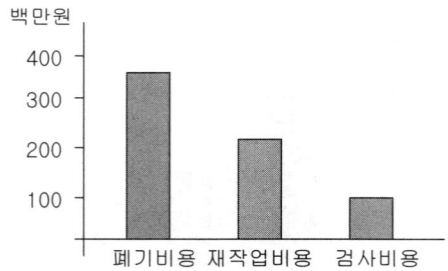

F-Cost 발생 원인별

3단계 : 프로세스 분석

A-Cost의 문제점
- 외주에서 제작되는 부품에 대한 사내 검사기준을 높여 까다로운 검사로 인하여 검사비용이 증가하였다. - 공정 중 부적합을 예방하기 위하여 검사요원과 검사 장비를 증가하였다.

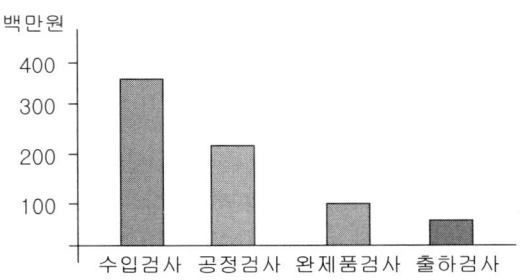

A-Cost 발생 원인별

2) 낭비원인 분석

일반적으로 낭비의 원인은 도요다 경영의 7대 낭비를 중심으로 설명하였다. 낭비의 발생 원인을 분석하여 다음단계에서 개선아이디어를 발굴하게 된다. 도요다가 지적한 7대 낭비 원인을 분석하면 다음과 같다.

❶ **과잉생산의 낭비** : 발생원인은 과잉인원, 과잉설비, 지나치게 빠른 CAPA, 치우친 자동화생산 등이 있으며 이에 대한 대안으로는 준비의 단일화, 인원의 최소화, 생산의 평준화, 간판의 활용 등이 있다.

❷ **가공의 낭비** : 발생원인은 공정순서의 분석미비, 작업내용의 분석미비, 불합리한 치구사용, 재료의 미 검토 등으로 개선대안으로는 공정설계의 적정화, 작업내용의 수정방안, 사양검토방법, 올바른 치구 사용법 등이 있다.

❸ **운반의 낭비** : 발생원인은 비합리적인 공정배치, 무계획적 작업, 단순기능공 등에 따라 발생되며 개선 대안으로는 계획적인 사고방식에 이은 작업진행 방법 등이 있다.

❹ **부적합의 낭비** : 발생원인은 공정검사미흡, 검사방법 및 기준 미비, 과잉품질, 표준작업결여 등으로 개선대안으로는 표준작업준수 방안, 공정검사의 혁신적 개선방안 등이 있다.

❺ **대기의 낭비** : 발생원인은 공정이상발생, 비효율적인 설비배치, 전 공정 문제발생, 능력 불균형, 대 LOT생산 등으로 개선대안으로는 낭비, 실수의 방지, 자동화방안, 공정 내 준비작업의 평준화 등이 있다.

❻ **재고의 낭비** : 발생원인은 설비배치의 불합리, 공정이상 발생, 선행생산, 대량LOT생산 등으로 개선대안으로는 생산흐름의 원활화 방안, 후 공정과의 업무조율 방안 등이 있다.

❼ **동작의 낭비** : 발생원인은 자기 자신만의 사고방식, 작업자 근성부족, 불합리한 공정배치 등으로 개선 대안으로는 생산흐름에 대한 혁신적 구조개선 방안논

의, 동작개선 원칙의 준수방안 등이 있다.

송재근(2006)은 품질비용 항목도출 방법으로 다음의 표와 같이 8가지 방법을 제시하였다.

품질비용 항목 도출방법

방법	목적	비용화 과정
부서의 조직도 및 개인별 업무분장표	품질비용발생과 관련한 해당업무수행 내용 및 인원수 파악	해당업무 수행 인원의 확인으로 인건비 산정
부서업무와 관련한 표준류	품질비용발생과 관련한 프로세스의 확인과 실제로 비용을 발생시킨 원인부서의 명확한 파악	각종 LOSS의 도출에 의한 비용 산정과 원인부서에 할당
사업계획 성과지표 및 실적	간편하게 품질비용과 관련한 일부항목 및 금액(비용)까지도 파악	금액으로 표시되는 성과는 해당 품질비용항목에 그대로 반영, 정성적인 실적은 비용화하여 산출
각종 실적의 기록문서 자료	품질비용의 항목으로 선정할 수 있는지 없는지의 검증자료로 활용	정량적인 근거자료에 의한 실적은 품질비용항목에 그대로 반영, 정성적인 실적은 비용화하여 산출
예산(비용)계정 자료	부서별 업무수행을 위해 사용되는 비용을 계정별로 배분해 놓은 자료로서 품질비용과 관계가 있는 계정과목을 발굴하거나 또는 집계한 일부의 품질비용의 검증	계정과목의 실제적인 집행용도를 세부적으로 분석하여 품질비용에 해당되는 계정을 찾아내어 품질 비용화하여 산출
프로세스맵핑	현재의 업무절차를 세부적으로 분석하여 내재되어 있는 문제점을 찾아내거나 프로세스의 성과를 좀 더 향상시킬 수 있는 방법을 찾는 것	세부적인 프로세스의 분석을 통한 잠재되어 있는 문제점이나 로스를 찾아내고 품질 비용화하여 산출
VSM(가치흐름맵핑)	협력사에서 기업으로의 자재 흐름 및 기업 내에서 자재를 이용하여 완제품을 만드는 과정과 이와 관련한 정보의 흐름을 분석하여 주로 생산현장의 비부가 가치를 찾아내는데 활용	리드타임을 많이 차지하는 요소와 낭비가 되고 있는 요소를 찾아내어 품질비용화하여 산출
Detailed Description of Quality Cost Elements (ASQ 제시)	부서의 기능별로 해당되는 공통적인 항목을 도출하고자 할 때와 부서별로 도출된 항목의 적합성을 검토할 때의 두 가지 측면으로 활용	기능별로 제시한 내용 중에서 기업에서 동일한 기능의 업무가 발생되고 이로 인해 발생되는 품질비용항목을 찾아서 산출

출처 : 송재근(2006), Q-COST & COPQ.

3) 비 고객과 장애물 추적

블루오션에서는 비 고객을 추적하여 문제의 원인을 발굴하는 방법으로 블루오션 경영에서 제안한 프레임워크를 바탕으로 구성원들의 닫힌 창의력을 열어주는 다양한 시각적 자극 요소를 내포하는 4단계 프로세스를 제시하였다.

전략 시각화의 4단계

1. 시각적 지각	2. 시각적 탐색	3. 시각적 전략 품평회	4. 시각적 커뮤니케이션
- 현재(as is)전략 캔버스를 작성하여 경쟁사와 자사를 비교하라. - 현재 전략에서 변화할 필요가 있는 부분을 확인하라.	- 블루오션 창출의 6가지 통로를 탐색하기 위해 현장으로 가라. - 대안 제품과 상품의 차별화 강점을 관찰하라. - 어떤 요소들을 제거, 창조 또는 변화시켜야 할지 확인하라.	- 현장 조사를 통해 얻은 통찰력을 기반으로 미래(to be)전략 캔버스를 작성하라. - 고객, 경쟁자의 고객, 비 고객으로부터 대안 전략 캔버스에 대한 피드백을 받아라. - 피드백을 이용하여 최상의 미래(to be)전략 캔버스를 작성하라.	- 과거와 미래의 전략 프로파일을 쉽게 비교할 수 있도록 한 장에 담아 사내에 배포하라. - 회사의 새로운 전략 실행에 도움이 되는 프로젝트나 업무만 지원하라.

출처 : 김위찬 외(2005), 블루오션.

또한 비 고객을 추적하여 새로운 블루오션의 가치를 찾아내는 방법으로 현재의 고객 개념을 넘어서 새로운 고객 또는 비 고객을 찾는 것은 가치혁신 달성의 중요한 일부분으로서 새로운 공급 상품에 가장 큰 수요를 집결시킴으로써 신 시장 창출과 연관되는 규모의 리스크를 낮춰준다. 이를 성취하기 위하여 기업은 다음과 같은 두 가지 전략에 도전해야 한다. 하나는 기존 고객에 포커스를 두며, 다른 하나는 구매자 차이점에 맞추기 위해 고객층을 더욱 세분화하는 것이다. 일반적으로 기업은 시장점유율을 높이기 위해 기존 고객들을 유지하고 확대하려 애쓴다. 이는 흔히

3단계 : 프로세스 분석

고객들의 취향에 더욱 부합하는 상품의 세분화와 타깃 맞춤식으로 이어진다.

블루오션을 창출하는 데는 고객을 포커스 하는 대신 비 고객을 찾을 필요가 있다. 그리고 고객들의 차이점에 초점을 맞추기 보다는 구매자들이 가치를 두는 강력한 공통점에 기초를 둘 필요가 있다.

새로운 수요 창출을 위하여 고객보다는 비 고객을, 구매자의 차이점 보다는 공통점을 세분화 추구보다는 비세분화를 먼저 생각해야 한다. 비 고객은 다음과 같이 세 계층으로 분류할 수 있다(김위찬 외, 2005).

❶ 비고객의 첫 번째 계층

"머지않아 고객이 될 수 있는(STB : Soon To be)" 비 고객은 보다 나은 상품을 찾는 사람들로 현재 시장이 공급하는 것을 최소한으로 사용한다. 이들은 더 나은 대안품을 발견하면 즉시 그쪽으로 갈 것이다. 첫 번째 계층의 비 고객들은 열리기를 기다리고 있는 미개척 수용의 큰 바다이다.

❷ 비고객의 두 번째 계층

두 번째 비 고객층은 "거부하는 비 고객"이다. 이들은 기존 시장이 제공하는 상품을 받아들일 만한 가치가 없는 것으로 보아 사용하지 않거나 구매 능력이 미치지 못해 구매하지 못한다. 그들의 욕구는 다른 방법으로 해결되거나 아예 고려되지 않는다. 그러나 "거부하는 비고객군"에는 엄청난 수요의 바다가 감춰져 있다.

❸ 비고객의 세 번째 계층

세 번째 계층의 비 고객은 업계의 기존 고객으로부터 가장 멀리 떨어져 있다. 일반적으로 이들 "미개척 비 고객"은 지금까지 업계가 한 번도 목표 고객으로 삼지 않았거나 잠재 고객으로도 고려하지 않았다. 그 이유는 그들의 요구와 관련된 비즈니스 기회가 다른 업계 시장에 속하는 것으로

Chapter Ⅱ 원가절감 PROCESS

믿었기 때문이다. 기업들이 얼마나 많은 수의 세 번째 비 고객 계층을 놓치고 있는지를 알게 되면 깜짝 놀라지 않을 수 없을 것이다.

비 고객층의 구분

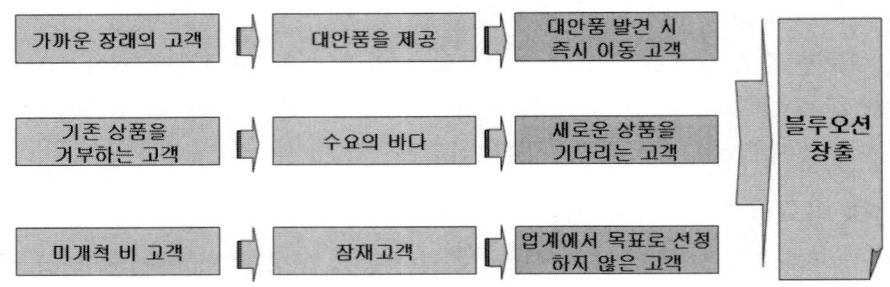

　기업의 문제점을 찾는데 걸림돌이 되는 고정관념의 조직문화를 도전적인 사고로 구성원 마음을 움직여 주어야 한다. 조직문화는 공동체 마인드로 조직의 관습, 마음자세, 행동으로 정의한다. 조직문화란 사람이 각각 다른 개성을 갖고 있듯이 조직도 다른 조직과 구분되는 독자적인 고유한 정체성과 특성, 능력과 자질을 갖고 있다고 인식한다는 것이다. 조직문화의 중요성은 무엇보다도 그 속에 행동 지향성과 고객의 요구에 대한 배려가 있으며, 경영자의 자율성과 기업가 정신이 고취되어 있다는 것이다. 또한 조직문화는 구성원의 욕구에 관심을 제고시킬 뿐만 아니라 최고경영자로 하여금 문화적 가치에 관심을 가져 생산성을 향상시키고 조직구성원에게 핵심적 가치를 주지시켜 주며, 이것을 증진시켜주고 명료화하는데 노력하는 기업철학을 추구할 수 있도록 해 준다.

　이러한 문제점을 해결하는 방법으로 블루오션에서는 급소경영을 통하여 리더들은 불균일적 영향인자들에만 일관되게 포커스 함으로써 블루오션 전략 실행을 제한하는 요소들을 와해시킬 수 있다. 그들은 신속하면서 낮은 비용으로 임무를 완수할 수 있다고 하였다. 이와 같은 변화에 대한 장애요인들과 해결방안은 다음과

3단계 : 프로세스 분석

같다 (김위찬 외, 2005).

❶ 인지적 장애

많은 기업들은 변화에 있어서 가장 힘든 싸움은 구성원들이 전략적 이동의 필요성을 인식하고 공감하게 만드는 것이다. 대부분의 경영자들은 수치를 지적하며 보다 높은 목표를 설정해 달성할 것을 강조함으로써 변화를 시도하려 한다. 수치를 이용한 커뮤니케이션의 메시지는 사람들에게 오래 기억되지 못한다. 급소 경영리더십은 사람들의 사고방식 내면으로부터 신속한 변화를 이끌어내기 위해 이런 통찰력을 토대로 세워진다. 그들은 인지적 장애요소를 없애려 수치에 의존하기보다는 사람들이 변화의 필요성을 두 가지 방법으로 직접 경험하게 했다.

현 상태를 돌파하기 위해서 구성원들이 최악의 운영상의 문제점들을 직면해야 한다. 최고 관리자든 중간 관리자든 그 누구도 현실을 추측해서는 안 된다. 수치는 논쟁의 여지가 있고 영감을 주지 못한다. 그러나 저조한 실적을 직접 대면하는 것은 충격적으로 현실을 회피하지 않고 행동할 수 있게 한다. 이러한 직접적인 경험은 사람들의 인지적 장애 요소를 신속히 없애는데 불균일적 영향력을 발휘한다.

인지적 장애를 없애려면 관리자들은 사무실 바깥으로 끌어내 업무상 끔찍한 현실을 보게 해야 할 뿐 아니라 불만이 가장 많은 고객들의 목소리를 그들에게 직접 들려줘야 한다. 시장조사 결과에 의존해서는 안 된다.

❷ 자원 제약의 장애

적은 예산으로 어떻게 조직이 전략적 이동을 할 수 있게 만들 것인가? 더 많은 자원 확보에 애쓰는 대신 급소경영 리더들은 그들이 보유하고 있는 자원의 가치 증대에 집중한다. 만약 자원이 부족하다면 한편으로는 자원 문제로부터 자유롭게 하며 다른 한편으로는 자원의 가치를 몇 배

Chapter Ⅱ 원가절감 PROCESS

증대시키기 위해서 경영인들이 지렛대처럼 활용할 수 있는 불균일적 요소가 있다. 즉, 핫 스팟 (Hot spot)과 콜드 스팟 (Cold spot), 거래 (Horse trading)이다.
　핫 스팟은 적은 자원 투입으로 높은 잠재적 실적을 내는 업무이다. 반대로 콜드 스팟은 많은 자원을 투입하지만 미미한 실적을 거두는 업무이다. 일반적으로 모든 조직에는 핫 스팟과 콜드 스팟이 두루 있다. 거래는 여분의 자원 격차를 메우기 위해 부서 내 한 영역의 초과 자원을 다른 부서의 초과 자원과 교환하는 것을 뜻한다. 기존 자원을 올바르게 사용하는 법을 배우면 대개의 기업은 자원 제약의 장애를 완전히 제거할 수 있다.

❸ 동기 부여 장애

　대부분의 비즈니스 리더는 현 상황을 깨고 조직을 변화시키고 싶을 때 거창한 전략적 비전을 제시하고 거대한 톱다운식의 전사적 운동에 착수한다. 거대한 반응을 일으키기 위해서는 그에 상응하는 대규모 활동이 필요하다. 그러나 대부분의 기업에서는 매우 다양한 동기부여 필요성이 있을 때 비용과 시간이 많이 들고 진행이 순탄치 않은 성가신 과정으로 이루어진다.
　그렇다면 방법이 없는가? 변화 노력을 널리 분산시키는 대신 급소경영 리더들은 정반대의 과정을 택하고 강력한 집중화를 추구한다. 그들은 구성원들을 고무시키는 데 있어 불균일적인 영향을 미치는 세 요소들에 중점을 두는데 이는 소위 킹핀 (King pins), 어항 경영, 원자화라고 불린다.
　킹핀을 확대 렌즈로 찾아보자. 전략적 변화가 실제 영향력을 발휘하려면 모든 계층의 구성원들이 전사적으로 움직여야 한다. 이를 위하여 노력을 볼링의 킹핀과 같은 조직 내 핵심적 영향력 자들에게 집중해야 한다. 볼링게임에서 킹핀을 명중시키면 나머지 핀들도 연달아 쓰러지듯이 조직의 킹핀을 잘 겨냥하면 모든 사람들이 감동받고 변하기 때문이다. 지속적이고 의미 있는 방법으로 킹핀을 동기부여하려면 반복적으로 잘 보이도록 그들의 활동

3단계 : 프로세스 분석

에 조명을 비추는 게 중요하다. 이것이 "어항 경영 (Fishbowl management)이다.
　그리고 조직을 스스로 변화하도록 원자화해라. 원자화는 급소경영 리더들에게 가장 미묘하고 예민한 일로 전략적 도전 구성과 관련이 있다.

❹ 정치적 장애

　변화가 더욱 가까워지고 클수록 더욱 맹렬하게 목소리를 내는 부정적인 영향력자들은 그들의 자리를 지키기 위해 싸울 것이며 전략 실행 과정을 손상시키고 심지어 이를 탈선시킬 수도 있다. 이런 정치력을 극복하려면 급소경영 리더들은 3가지 불균일적 영향요소를 포커스 해야 한다.

　대부분의 리더들은 마케팅, 운영, 재무 등 강한 기능적 기술을 가진 최고 경영진 구축에 집중한다. 그렇지만 급소경영 리더들은 대부분의 경영인들이 생각하지 못한 역할도 최고 경영층에 포함시킨다.

기업의 장애요인들

장애요인	문제점	해결방안
인지적 장애	- 구성원들의 인식이 전략에 공감하지 못함	- 기업의 최악의 운영상 문제점을 보여줌 · 충격적 현실을 보여줌 - 관리자들을 사무실 밖으로 끌어냄 · 끔찍한 현실을 보게 함 · 고객의 목소리를 경청
자원제약의 장애	- 관리자는 자원 확보에만 치중 - 관리자는 예산 확보에만 치중	- Hot Spot · 적은 자원을 투입 높은 실적을 요구 - 자원의 교환 · 부서 내 초과 자원을 타 부서와 교환
동기부여의 장애	- 거대한 혁신만을 추구 - 대규모 경영혁신 활동만을 추진 - 많은 비용과 시간을 요구	- 급소경영 · 집중화 경영추구 - 킹핀에 동기부여 · 조직 내 조직을 움직이는 핵심요원을 감동시킴 - 어항경영 · 킹핀 요원에게 지속적 동기부여

		- 원자화 · 조직이 스스로 변하도록 조직구성을 원자화 (세분화)
정치적 장애	- 변화에 부정적인 영향력 구성원의 자리지킴 싸움발생	-. 급소경영 · 부정적인 구성원과 경영자는 혼자 싸우지 말고 변화를 추구하는 조직을 확대하여 목소리를 키움 - 비난자와 지지자 모두 규명 · 윈-윈 전략 - 수호천사 구축 · 수호천사와 연합하여 세력구축, 비난자를 고립시킴

조직변화에 대한 전래적 이론은 대다수를 변화시키는 것에 바탕을 둔다. 그러나 급소경영 리더십은 대조적으로 정반대이다. 대다수를 변화시키기 위해 극단의 것을 전환하는데 중점을 둔다. 바로 성과에 커다란 영향을 미치는 사람, 활동, 업무이다. 이 극단의 것을 변화시킴으로써 급소경영 리더들은 새로운 전략 실행을 위해 신속하면서 낮은 비용으로 핵심을 변화시킬 수 있다.

3) 프로세스 문제의 발굴

문제를 발굴하여 개선의 주제를 선정하는 방법으로 우리는 업무를 처리하는 과정에서 우리들 주변에 변화가 필요한 많은 문제점들이 있다. 그렇다고 이 많은 문제들을 한꺼번에 해결할 수는 없다. 따라서 가장 가깝고 쉬운 것부터 하나하나 단계적으로 해결해 나가야 한다.

이와 같이 주제를 선정하는데 처음부터 성과나 평가, 발표회만을 의식하여 너무 커다란 주제 또는 어려운 주제를 선정하면 효과를 기대하기 어렵게 된다. 따라서 다음과 같이 주제를 선택하기를 바란다.

3단계 : 프로세스 분석

❶ **가깝고 비근한 문제선정**

일상 업무에서 발생하는 문제를 선정한다.

❷ **구성원의 공통적인 문제를 선정**

전원이 참여할 수 있고 전원이 관심을 갖고 있는 공통적인 문제를 선정한다.

❸ **단기간에 해결 가능한 문제를 선정**

문제해결에 시간이 너무 오래 걸리고 복잡하면 권태를 느끼게 되어 큰 성과를 기대하기 어렵다.

❹ **변화의 필요성을 느끼고 있는 주제 선정**

변화가 꼭 필요하다고 평소에 느껴오던 주제를 선정한다.

❺ **구체적인 주제선정**

변화에 대한 문제를 잊어서는 안 되지만 명칭에 얽매여 주제를 국한시킬 필요는 없다.

이와 같은 주제선정의 착안점에 의하여 전원이 참여한 많은 문제점 가운데서 하나의 주제를 선택한다.

❶ 고객에게 불편을 주고 있는 일은 무엇인가?
  고객 : 타부서, 다음단계, 동료, 상사 등
❷ 고객이 품고 있는 불만은 무엇인가?
❸ 일하는데 낭비나 무리는 없는가?
❹ 상·하 또는 횡적 의사소통은 원활한가?
❺ 업무목표 달성 상황은 어떠한가?
❻ 일하는데 보람과 긍지를 갖고 있는가?
❼ 업무지식 및 처리능력은 충분한가?

이와 같이 문제의식을 갖고 현상조사 분석을 통하여 문제에 대한 원인을 철저히

Chapter II 원가절감 PROCESS

분석하여 대책을 수립할 수 있으며 만족할만한 개선책을 유도해 낼 수 있다. 즉 문제점의 주요 원인이 무엇인가를 경험이나 육감에 의해서 판단하는 것이 아니라 사실에 입각해서 근본원인을 규명하고 확인하는 것이다.

사실에 의해서 원인을 규명함으로써 개선의 중요성을 재확인할 수 있으며 새로운 사실도 발견할 수 있다. 원인을 규명할 때는 구체적으로 숫자화, 표준화하는 등 통계적, 과학적 방법을 사용하는 것이 바람직하다. 현장조사 방법으로는 다음과 같다.

❶ 모든 것은 숫자로 표시한다.

팀원들이 열심히 자료를 수집했으나 그것이 무엇을 의미하는지를 발견하지 못하면 쓸모가 없다. 수집된 자료를 숫자로 표시함으로써 자료가 뜻하는 바를 알고 적절히 활용할 수 있다.

❷ 흐름을 파악하라.

정태적인 분석뿐만 아니라 문제에 따라서 동태적인 관찰을 할 필요가 있다.

❸ 전체적으로 넓게 관찰하라

문제가 너무 국한되지 않고 회사전체에 영향을 미치는가 폭넓게 관찰하는 시야를 갖도록 하는 것도 중요하다. 넓은 시야를 갖는다고 주제를 포괄적으로 정하는 것이 아니라 한 항목에 대하여 여러 각도에서 관찰하자는 것이다.

❹ 결과를 도표화 한다.

분석 내용을 알맞은 도표를 활용함으로써 신중하게 검토하는데 도움이 된다. 또한 발표나 보고할 때 한눈에 볼 수 있으며 호소력이 있는 알기 쉬운 그래프나 도표를 연구하여 활용하는 것이 효과적이다.

3단계 : 프로세스 분석

4) 기존의 혁신도구를 이용한 문제점 도출

(1) 식스 시그마경영 정의단계 (Define)

식스 시그마 경영에서 문제점 발굴 방법으로 정의단계에서 문제 진술서나 목표를 보강하고 조사 중인 프로세스와 관련이 있는 고객을 파악하며 고객의 요구사항을 정의하고 프로젝트를 어떻게 완수할 것인가에 대해 기록한다. 정의단계에서는 주요고객과 고객의 요구사항을 정의하고 개선대상의 프로세스를 선정한다.

[사례]

- 판매량이 3/4분기동안 계속해서 지난해 수준을 훨씬 밑돌아 현금 흐름이 사상 최저치를 기록했다.
- 고성능 제품의 판매가 지난해 이래로 20% 감소함에 따라 현금 흐름이 급격히 감소하는 원인이 되고 있다.

문제점 진술서는 다음의 질문에 대한 답변으로 구체화 한다.
- 무엇이 잘못 되었는가?
- 문제가 어디서 나타났는가?
- 문제가 얼마나 큰가?
- 문제가 비즈니스에 미친 타격은 무엇인가?

서비스 요구사항 및 아웃풋 요구사항의 사례

서비스 요구사항		아웃풋 요구 사항	
프로세스	일반적인 요구 사항	아웃풋	일반적인 요구 사항
자동차 판매/구매 프로세스	• (2분 이내에)관심을 촉발 시킨다. • 압박감을 주지 않는다(고객을 10분마다 체크한다). • 시범 운전을 해볼 수 있는 능력(모든 차가 시범 운행이 가능한 상태	자동차	• 엔진이 0.5초 이내에 시동이 걸린다. • 연비 능력이 등급과 같거나 더 좋다. • 자동차 잠금장치가 제대로 작동한다.

담보 대출 신청/승인 프로세스	• 고객의 일정에 따라 대출양식을 완성해 준다. • 신청에 필요한 문서들을 체크 목록에 포함시킨다. • 15일 이내에 신청자에게 결과를 통보한다.	담보 대출	• 에스크로우(escrow)가 종료되자마자 대금 거래가 완료되었다. • 대불서류에 있는 날짜를 정확히 지킨다. • 유리한 이자율
도매 패키지 음식 주문 프로세스	• 고객 친화적인 주문 프로세스(팩스 양식을 사용할 수 있음). • 고객에게 언제 선적된 물건이 부두를 떠나는지 통보한다(전화 팩스). • 사후 조사를 통해 고객들이 주문에 만족하고 있는지 확인한다(제시간에 도착 했는지 손상된 제품은 없는지 등).	포장 식품의 선적	• 고객이 요청한 날짜까지는 배달한다. • 파렛(pallet)를 이용한 선적 시스템을 이용 • 하자 없는(손상 없는) 제품

출처 : Peter S, Pende et al., (2002), The Six Sigma Way.

고객의 요구사항 기술 사례

잘못된 사례	잘된 사례
- 신속한 배달	- 구매 주문 영수증 접수일로부터 영업일 3일 이내 배달완료 한다(구매주문은 반드시 오후 3시 이전에 접수해야 한다).
- 모든 환자들을 내 가족처럼 대한다.	- 입구에서 대기실로 들어오는 20초 동안에 환자를 만나 인사를 나눈다. - 모든 환자들을 "님"이라는 호칭으로 정중하게 부른다. - 환자의 허락이 있다면 편하게 이름을 부른다.
- 제품을 조립하기 쉽도록 만들고 전문적인 기술이 많이 필요하지 않게끔 한다.	- 1200모델 자전거들은 어느 성인이 조립하더라도 15분 이내에 할 수 있어야하고, 스패너와 십자드라이버만 사용해도 아무런 문제없이 조립할 수 있어야 한다.

출처 : Peter S, Pende et al., (2002), The Six Sigma Way.

3단계 : 프로세스 분석

프로젝트 워크시트 사례

DMAIC 프로젝트 헌장 워크시트	
프로젝트 제목: 멍자국을 없애자 개선 팀	**팀구성원** 블랙벨트 : 수잔 테라곤
프로젝트 리더: 아이리스 워싱턴 팀리더	그린벨트 : 냇 콜린스, 트레이 브루맨, 로스코 스미스, 앨리 스미스
비즈니스 케이스 로버카는 미드웨스트오토의 중요한 틈새시장이다. 스탬핑 공정의 문제로 인한 반품 환불 비용이 한 달에 약 15만 달러에 달한다. 판매 손실로 인한 비용은 알 수 없는 상태이다.	
문제점/기회 진술서 로보카 문짝에 나타난 멍자국은 지난 6개월간 평균 2개 내지 3개였던 것이 18개까지 크게 증가했다. 일단 문에 페인트 작업이 끝나면 이 멍자국은 더욱 선명해 지기 때문에 점점 더 많은 반품이 돌아오고 있다. 더욱이 미처 찾아 내지 못한 멍자국이 전시장에서 발견되어 로버카 차량판매에 타격을 주고 있다.	**목표 진술서** 2008년 10월 15일까지 멍자국의 수를 스펙 수준, 혹은 문짝당 3 미만으로 줄인다.
프로젝트 범위, 제약, 가정 새로 장비를 구입하거나 그 공정에 새로 직원들을 투입할 계획은 없다. 챔피언과 논의한 후에 좋은 데이터들을 수집해 사용하기만 한다면 팀에서는 모든 결정에 대해 권한을 가질 수 있다.	**이해관계자** 팀 후원 : 제리 트라비아노 운영진 : 자재구매자, 스탬핑 공정 전원

예비 계획	목표일	실제일
시작일	7월 7일	
정의	7월 15일	
측정	7월 29일	
분석	8월 26일	
개선	9월 23일	
관리	10월 15일	
완료일	10월 15일	

출처 : Peter S, Pende et al., (2002), The Six Sigma Way.

(2) CTQ의 선정

CTQ (Critical to Quality)는 기대품질에 치명적인 영향을 주는 요인으로 소비자의 요구 품질이다. 즉 고객이 평가하는 품질평가에서 가장 중시되는 요인을 말한다.

CTQ 선정은 고객으로부터 확인 및 요구를 우선으로 하며 고객에게 제공하는 OUTPUT을 파악한다. CTQ를 파악하는 방법으로는 QFD (Quality Function Deployment)를 통해 설계에서부터 고려된 CTQ를 찾아낸다. Green Belt 단계에서 파악한 공정의 FMEA (Failure Mode and Effect Analysis)에서 만성적인 문제가 CTQ가 된다.

(3) COPQ (Cost of Poor Quality)

부적합 품질로 인한 비용으로서 눈에 보이는 비용을 포함하여 경영활동에 고려할 모든 현상을 말한다. 보통 정량적으로 파악할 수 없는 현상이 발생시키는 비용도 포함된다.

COPQ의 대표적 비용항목

비 용 항 목		
• 수율저하	• 운전 코스트의 상승	• 설계변경지시에 따른 코스트
• 고객의 불만상승 (PPM)	• 폐기 비용, 재작업 비용의 상승	• 사이클 타임의 장기화
• 품질비용의 상승	• 재고의 증가	• 과잉품질
• 제품 품질문제의 발생	• 사이클 타임의 증가	• 생산계획 변경
• 예측 불가능한 품질	• 예측 불가능한 제품 성능	• 운전자금의 증가
• 열악한 공정능력 (Cp, Cpk)	• 능력의 제약	• 납품지연
• 계측된 시스템 에러	• 생산량의 증대	• 매출저하
• 고객에 대한 과거 부채 증대	• 사내에서 발견된 부적합 품질	• 브랜드 이미지의 손상
• 유지보수 비용 상승	• 사외에서 발견된 부적합품질	
• 기계 가동률의 저하	• 빈번한 라인 준비 교체의 발생	
• 가동 정지 시간의 발생	• 라인변경 준비 교체의 상승	

(4) QFD (Quality Function Deployment)

QFD는 고객의 요구사항을 제품의 기술특성으로 변환하고, 이를 다시 부품특성과 공정특성, 그리고 생산에서의 구체적인 표준매뉴얼과 활동으로 변환하여 고객의 요구사항을 만족시키면서 Time to Market과 Market Share를 확보하고자 하는 목적이다. 고객을 만족시킬 수 있는 제품이나 서비스의 품질을 명확히 한 후 이를 평가 할 수 있는 품질특성의 원인을 관리하는 것이다.

(5) 품질의 집 (House of Quality)

QFD는 고객의 요구를 기술적 요구로 변형시킴에 있어서 품질의 집이라는 잘 짜여진 표를 이용한다. 품질의 집은 아래의 그림과 같이 여러 요소들을 고려하여 각 설계특성에 대한 목표치를 하나의 집과 같이 일목요연하게 나타낸 일람표라 할 수 있다.

품질의 집 사례

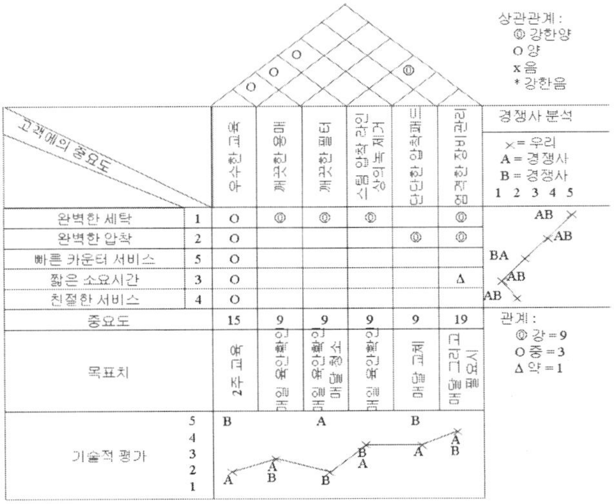

(6) QFD와 식스시그마와 연계

품질은 설계 때부터 만들어지며 식스 시그마 경영에서 QFD가 작성되어 있다면 QFD를 통하여 CTQ를 파악할 수 있다. CTQ를 찾아내는 방안의 하나로 QFD를 작성하기 때문이다. QFD는 자사의 제품뿐만 아니라 타사의 제품과도 비교 평가가 가능하다. 또한 고객이 요구하는 사항이 무엇인지를 발견할 수 있다.

제품이나 서비스에 대한 정보가 없으면 어느 정도의 수준에 맞게 공정을 개선해야 하는지 목표를 설정하기가 어렵다. 무조건 수준을 높게 잡게 되면 지나친 관리에 대한 부담이 생긴다. 제품이나 서비스의 설계에 대한 체계적인 노하우를 QFD를 통하여 수립할 수 있다.

QFD 전개과정

	단계	추진업무
품질전개	1단계	원시데이터 수집
	2단계	요구품질로 변환
	3단계	요구품질 전개표 작성
	4단계	품질특성(요소) 전개표 작성
	5단계	품질표 작성
	6단계	요구품질 중요도 산출
	7단계	기획품질의 설정
	8단계	중요도(가능치)의 변환
	9단계	설계품질의 설정
종합전개	10단계	기술전개
	11단계	Cost 전개
	12단계	신뢰성 전개
	13단계	Sub System 부품전개
	14단계	QA표
공정전개	15단계	공법전개
	16단계	QC공정계획표
	17단계	QC공정표
	18단계	작업표준서, 검사규격서
	19단계	협력업체 관리와 차기계발에 활용

(7) FMEA (Failure Mode and Effects Analysis)

FMEA는 설계된 시스템이나 기기의 잠재적 고장모드(mode)를 찾아내고 시스템이나 기기의 가동 중에 이와 같은 고장이 발생하였을 경우 업무 달성에 미치는 영향을 조사하여 평가하고 영향이 큰 고장 모드에 대하여 적절한 대책을 세워 고장을 사전에 방지하는 방법으로 설계의 평가뿐만 아니라 제조공정의 평가나 안전성 평가에도 널리 사용되고 있다. 미국의 자동차 3사에 의한 QS-9000의 활성화에 의해 Design FMEA, Process FMEA, System FMEA 등과 Circuit FMEA 등에 적용하고 있다.

FMEA 실행절차

단계	실행프로세스
1단계	시스템 및 서브시스템의 기능 역할을 분석한다.
2단계	시스템 및 서브시스템의 분석 레벨을 결정한다.
3단계	기능별 블록을 결정한다.
4단계	신뢰성 블록도를 작성한다.
5단계	FMEA에 효과적인 고장모드를 선정한다.
6단계	선정된 고장모드에 대한 추정원인을 열거한다.
7단계	FMEA용지에 기입한다.
8단계	평가된 고장 등급을 결정한다.
9단계	고장 등급이 높은 것에 대해 대책을 수립한다.

Chapter Ⅱ 원가절감 PROCESS

FMEA 공정분석

제품(부품)명 :　　　　　　　　　　　　FMEA 실시일 :
제품(부품)번호 :　　　　　　　　　　　개 정 일 :
납　 기 :　　　　　　　　　　　　　　　작 성 자 :
팀　 원 :　　　　　　　　　　　　　　　검 토 자 :

공정 기능	잠재부적 합모드	부적합의 잠재영향	치명도 (S)	잠재부적 합원인	발생 빈도 (O)	현재공정 관리방법	검출 력(D)	RPN	개선안	책임 부서	개선결과			RPN
											S	O	D	
폭	폭 초과 및 미달	고속주행 시 접힘발생	10	백 높이 변경	7	백 교환시 조정	5	350	백 교환시 체크 3회/월	영선 반				

(8) FAT (Fault Tree Analysis)

FAT는 시스템 고장을 발생시키는 원인과 인과관계를 논리기호를 사용하여 나뭇가지모양의 그림으로 나타낸 고장목(Fault Tree)을 만들고 이에 따라서 시스템의 확률을 구함으로써 문제가 되는 부분을 찾아내어 시스템을 개선하는 개량적 고장해석 및 신뢰성 평가방법이다.

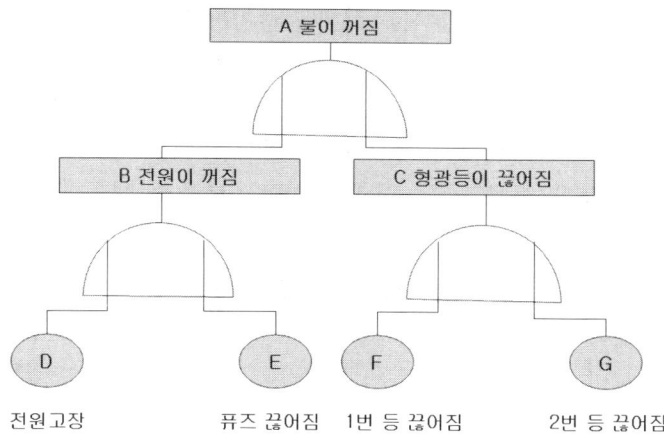

고장확률 계산방법

그림의 고장목에 대하여 고장이 날 확률은 다음과 같다.

$$F(D) = F(E) = F(F) = F(G) = 1/4$$

전원이 끊길 F(B)는 D와 or 결합이므로 위의 식에 따라 계산하면

$$F(B) = 1-(1-F(D))(1-F(E)) = 1-(1-1/4) = 1-(3/4)(3/4) = 7/16$$

또한 형광등이 끊어질 확률은 F(C)에 따르면 다음과 같다.

$$F(C) = F(F) \times F(G) = 1/4 \times 1/4 = 1/16$$

따라서 불이 꺼질 확률은 F(A)는 다음과 같다.

$$F(A) = 1-(1-F(B)(1-F(C)) = 1-(1-7/16)(1-1/16) = 1-(9/16)(15/16) = 121/256$$

Chapter II 원가절감 PROCESS

5) 데이터에 의한 분석

(1) 데이터에 의한 관리

분석단계는 구체적인 문제점을 도출하기 위해서 개선기회를 분석하여 쉽게 이해할 수 있도록 문제를 정의한다.

데이터의 분석은 결함의 원인에 관한 이론을 제시하거나 뒷받침해 주거나 혹은 거부하도록 하는 패턴이나 추세, 기타 추세를 찾아내기 위해 수집한 데이터를 이용하는 것이며, 프로세스 분석은 사이클 타임이나 재작업, 중단, 기타 고객에게 부가가치가 없는 단계들을 파악하기 위해 고객에게 그들이 원하는 요구사항을 제공해 주고 있는 기존의 주요 프로세스들을 세밀하게 들여다보는 것이다.

분석은 논리적인 원인분석을 통하여 결함을 가진 프로세스나 원료, 방법, 사람들과 기타의 것들 간에 차이나 변동 사항을 파악하는데 도움이 될 만한 질문들을 만들어 내는 것이다 (Peter S, Pende et al., 2002).

분석을 위한 파레토분석 사례

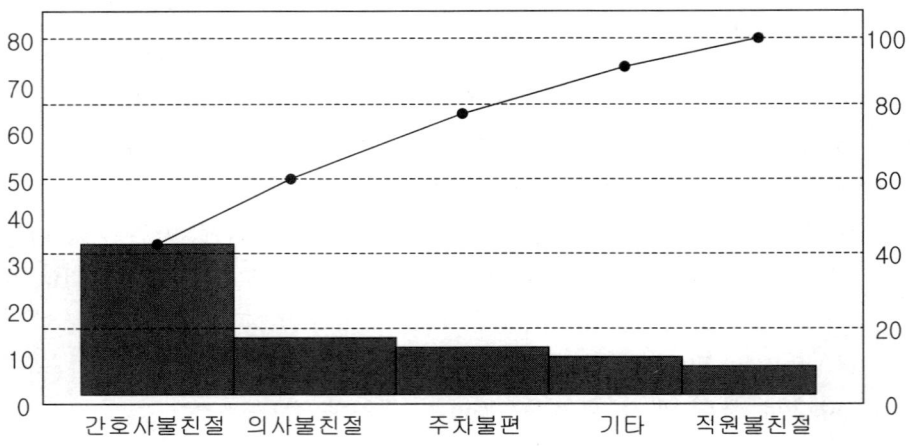

3단계 : 프로세스 분석

분석 툴 킷

	데이터 분석	프로세스 분석
탐색	접근법 : 측정 단계에서 여러 가지 방법을 사용해 수집된 데이터들을 검사하고 문제점의 근본 원인에 대한 단서를 발견한다.	접근법 : 프로세스에서 실제로 무슨 일이 일어나고 있는가 하는 것을 포착하는 프로세스 맵이다.
	툴 : 파레토, 런 챠트, 히스토그램	툴 : 기본적인 프로우 챠트, 전개 프로우챠트
가설도출	접근법 : 탐색 단계에서 알아 낸 정보를 이용하여 결함 원인에 대한 아이디어를 도출한다.	접근법 : 프로세스 맵을 이용하여 어느 부문에서 프로세스 단계, 책임, 성과 등이 분명하지 않은가 혹은 아무런 부가가치도 생성하지 못하는가를 파악한다. 어느 단계가 가치를 부가하는지 혹은 단지 비용만 낭비하는지를 알아보기 위해 프로세스를 분석한다.
	툴 : 브레인스토밍, 인과관계도표	툴 : 브레인스토밍, 가치분석
원인규명	접근법 : 추가적으로 데이터를 수집하거나 시범 적용/실험을 거쳐 용의자들이 진짜 죄가 있는지 여부를 알아낸다.	접근법 : 데이터를 모아 여러 곳으로 프로세스 단계에서 발생한 지체/시간 손실을 정량화 한다. 심사숙고하여 프로세스를 변화 시켜보고 파악된 문제점들이 사라졌는가를 살펴본다. 효과가 없는 경우에는 소규모로 다시 변화를 모색해 본다.
	툴 : 산점도	툴 : 데이터수집 툴, 프로세스 맵 및 문서기록

출처 : Peter S, Pende et al., (2002), The Six Sigma Way.

(2) 측정 (Measurement)

측정은 혁신으로 가는 매우 중요한 전이 단계로서 문제점을 정교하게 다듬고 근원적인 원인 규명을 시작하는데 도움을 준다. 어떤 척도를 사용할 것인가를 결정하는 것이 어려운데, 특히 혁신을 처음 시작한 팀의 경우가 그럴 것이다. 처음에는 그저 무엇을 어디서 측정할 것인가를 파악하는데 있어 가정에 의존할 수밖에 없을지 모른다. 경험이 많아지면 프로세스는 어떻게 수행되고 있는가? 혹은 변동이 고객에 미치는 영향은 무엇인가? 이 문제의 원인은 어디에 있는가? 등과 같은 구체적인 문제를 답하기 위해서 어떤 종류의 데이터를 수집해야 하는지 잘 알 수 있게 될 것이다. 단, 어떤 데이터를 수집하던 간에 반드시 왜 / 어떻게 우리 팀의 프로세스가 고객의 요구사항들을 만족하고 있는가, 혹은 만족하고 있지 않은가에 대해 해결의 실마리를 가져다 줄 수 있는 데이터이어야 한다. 측정의 기본 개념은 다음과 같다 (Peter S, Pende et al., 2002).

[기본적인 측정의 개념]
❶ 관찰을 먼저하고 측정은 다음에 한다.
❷ 이산형 척도와 연속형 척도의 차이점에 대해 이해한다.
❸ 근거를 찾기 위한 척도
❹ 측정 프로세스를 마련한다

시그마 계산 워크시트

시그마 계산 워크시트
프로세스의 시그마 수준은 여러 가지방법으로 결정될 수 있다. 아래에 제시된 단계들은 프로세스의 끝에 나타난 결함의 수를 토대로 한 가장 간단한 방법이다(일반적으로 '**프로세스 시그마**'라고 한다)
1단계 : 프로세스, 단위, 요구 사항들을 선택한다.
➤평가하고자 하는 프로세스를 확인한다……………………………………………(프로세스)
➤프로세스가 생산하는 것 중에 가장 주요한 것은 무엇인가?……………………(단위)
➤단위에 있어 고객의 주요 요구 사항은 무엇인가?………………………………(요구사항)
2단계 : 결함과 기회의 수를 정의한다.
➤위에 기술된 요구사항을 토대로 단일 단위에 있을 수 있는 모든 가능한 결함들의 목록을 적고, 결함들은 반드시 객관적으로 파악할 수 있게 한다……………………………(결함)
➤단일 단위에서 얼마나 많은 결함들이 발견되었는가?………………………………(기회)
3단계 : 데이터를 수집하고 DPMO를 계산한다.
➤프로세스 마지막 데이터를 수집한다…………(세어본 단위 수)………………(총 결함 수)
➤수집된 데이터에서 기회가 총 얼마인지를 결정한다.
세어본 단위 수 X 기회 =………………………………………………………(총 기회)
➤100만 번의 기회당 결함 수를 계산한다.
세어 본 결함 수 / 총 기회 X 10^6 =……………………………………………(DPMO)
4단계 : DPMO를 시그마로 전환한다.
➤전환표를 사용하고 측정된 시그마 수준을 적는다……………………………………(시그마)

출처 : Peter S, Pende et al., (2002), The Six Sigma Way.

3단계 : 프로세스 분석

2. 프로세스 장애원인 추적

1) 중요공정도 확인

(1) 중요공정도 확인

고객에게 제공하는 제품이나 서비스의 CTQ와 관련된 중요 프로세스를 확인하는 과정으로 아래와 같이 CTQ와 고장간의 매트릭스를 만들어 공정과 CTQ간의 연관성을 찾아낸다.

중요공정도를 확인하는 도구로는 공정도, 프로세스 맵핑, QA Matrix, QC공정도 등이 있다.

중요공정 확인표

구분	CTQ1	CTQ2	CTQ3
공정1	◆		⊙
공정2		⊙	
공정3		⊙	
공정4	◇		
공정5		◆	◇

범례 : ◆ : 매우중요   ⊙ : 중요   ◇ : 보통

(2) 프로세스 맵핑

프로세스 맵핑은 제조와 서비스 프로세스를 그림으로 표현한 것으로 각 프로세스를 구분하고 프로세스별로 입력과 출력을 확인하는 절차이다. 프로세스 맵핑은 프로세스를 정확히 이해하고 확인하는 과정으로서 프로세스 맵핑에서 확인해야 할 요소는 CTQ와 CTP (Critical To Process)를 찾는 것과 프로세스의 어느 위치에서 데이터를 취합할 것인가를 찾는 방법이다.

프로세스 맵핑 절차

단계	실행 프로세스
1단계	일반적인 프로세스 단계와 제품/서비스의 품질에 영향을 주는 주요특성 (CTQ)을 열거한다.
2단계	프로세스의 모든 단계를 부가가치가 있는 단계와 없는 단계로 구분한다.
3단계	프로세스 단계별로 CTQ를 표기한다.
4단계	주요입력변수 (KPIV : Key Process Input Variable)의 종류와 위치를 나타낸다.
5단계	조절 가능한 변수와 주요 입력변수에 대한 현재의 운용 프로세스 조건과 목표 값을 표기한다.

프로세스 맵핑의 종류는 다음과 같다

① 기획형 프로세스맵 (Top-down Process Map)

핵심프로세스와 그 하위 프로세스를 단순하게 문서화하여 프로세스의 신속한 파악이나 새로운 프로세스를 기획할 때 유용한 프로세스 맵이다.

② 기능전개형 프로세스맵 (FDPM : Functional Deployment Process Map)

Block Diagram 이라고도 하며, 이는 하위 프로세스의 순서, 의사결정, 이에 대한 책임 처리시간 등을 문서화 하는데 사용되며, 최근 가장 많이 사용되고 있다.

③ 상세 프로세스맵 (Detailed Process Map)

프로세스 각각의 단계와 관련 기능의 성격까지를 상세하게 도식화하여 세부적인 개선 포인트를 얻고자 할 때 유용한 방법이다.

④ 가치흐름 맵 (Value Stream Map)

가치 흐름맵은 '제품' 혹은 '서비스'가 가치흐름 (Value Stream)을 통해 이동 할 때, 정보나 물질의 흐름을 있는 그대로 또 명확하게 보고 이해할 수 있는 표현방법이다.

3단계 : 프로세스 분석

혁신도구를 통한 문제점 발굴

구분	발굴방법	비고
낭비의 원인분석	- 비용발생 원인별 분석 - 7대 낭비	- Q-Cost 산출 - 7대 낭비 과잉생산의 낭비, 가공의 낭비, 운반의 낭비, 부적합의 낭비, 대기의 낭비, 재고의 낭비, 동작의 낭비
부서별 지표분석	- 부설별 성과 지표 및 달성율 분석	- 월, 분기, 년도 단위분석 - 품질비용 항목 추출

비 고객과 장애물 추적	- 전략의 시각화	- 장애요인들
		  .인지적 장애
		  .자원제약의 장애
		  .동기부여의 장애
		  .정치적 장애

프로세스 문제 발굴	- 가깝고 비근한 문제 - 구성원의 공통적 문제 - 단기간 해결가능 문제 - 수치화, 흐름파악 - 전체적 관찰, 결과는 도표화	- 고객 불편사항 - 고객 불만요소 - 일의 낭비요소 - 의사소통 방해요소 - 업무달성 요소
데이터에 의한 분석	- 측정을 통하여 문제 원인 분석	- 관찰을 먼저하고 측정한다. - 근거를 찾기 위한 척도
프로세스 장애원인 추적	- 중요공정도 확인 - 프로세스 맵핑	- 중요공정도를 확인하고 CTQ와 고장간의매트릭스 그린다. - 프로세스를 그림으로 표현하여 문제점을 찾는다.
CTQ 선정	- 기대 품질에 치명적 영향을 주는 요인 발굴 - 소비자의 요구 품질 측정	- 고객이 제공하는 품질 수준 파악
COPQ	- 부적합 품질로 인한 비용 측정	
QFD	- 고객의 요구 사항을 제품기술 특성으로 변환	- 변화된 표준을 더욱 세분화
품질의 집	- 품질의 집을 그림으로 표현	
FMEA	- 잠재적 고장 모드를 찾아 냄	- 사전 예방 시스템
FAT	- 고장의 원인을 인과관계의 논리기호로 표현	- 문제가 발생할 확률을 구하여 사전 예방

Chapter Ⅱ 원가절감 PROCESS

4단계
개선아이디어 개발

3 단계에서 발굴한 프로세스의 문제, 원가상승의 원인 등 기업의 다양한 문제점을 찾아 발굴하였다. 4 단계에서는 3 단계에서 발견한 문제해결을 할 수 있는 아이디어를 개발하는 단계이다.

1
VE를 통한 아이디어 발굴

VE (Value Engineering)은 사람, 재료, 자원, 시간, 공간, 설비 등의 모든 자원을 활용하여 제품이나 제조방법의 개선을 위해 기능과 비용을 분석하여 가치를 높이는 기법으로써 가치공학이라 한다. VE는 다음과 같은 원칙을 따라 수행한다.

❶ 제 1 원칙 : 사용자 우선의 원칙
　이상적인 고객의 입장에서 생각한다.

❷ 제 2 원칙 : 기능본위의 원칙
　기능본위의 사고방법에 철저하다.

❸ 제 3 원칙 : 창조에 의한 변경의 원칙
　창조로의 방심하지 않는 노력

❹ 제 4 원칙 : Team Design의 원칙
　제1급의 최고의 기술을 집결한다.

❺ 제 5 원칙 : 가치향상의 원칙

항상 문제를 기능과 비용의 양면에서 추구한다. 이 원칙은 4가지의 원칙을 종합한 VE의 기본적인 지침이라고 할 수 있다.

또한 VE는 다음과 같은 단계에 의하여 실시한다. 따라서 다음의 표와 같은 순서에 의하여 실시계획을 수립한다.

VE를 통한 아이디어 도출절차

기본 Step	VE 질문	세부 Step
기능의 정의	그것은 무엇인가?	① VE대상의 정보수집
	그 작용은 무엇인가?	② 기능의 정의
		③ 기능의 정리
기능 평가	그 Cost는 얼마인가?	④ 기능별 Cost 분석
	그 가치는 어떤가?	⑤ 기능의 평가
		⑥ 대상 분야의 선정
대체안 작성	다른 같은 작용을 하는 것은 없는가?	⑦ 창조 (아이디어 발상)
		⑧ 개략평가
	그 Cost는 얼마인가?	⑨ 구체화와 조사
	그것은 필요한 기능을 확실히 발휘하는가?	⑩ 상세평가
		⑪ 제안

VE를 통하여 수집된 정보를 분석하여 아이디어를 발굴하는 단계로서 정보를 수집하기 위하여 먼저 '그것은(대상 테마) 무엇인가?'란 질문을 하여 본다. 또한 정보의 내용으로 제품특성 또는 시장의 데이터로 제품의 종류, 품질, Cost, 생산량, 개발경위, 모델변경, 라이프 사이클 등의 정보를 수집할 수 있으며, 제품설계 데이터로는 제품, 부품, 재료의 샘플, 제품도면, 제조도면, 조립도면, 부품도면, 제품구성표 등과 부품, 재료 리스트, 부품 카타로그, 표준, 규격 등의 정보를 수집한다. 또한 자재데이터로 자재구성분석표, 구입량, 구입금액, 기능별 자재 Data, 대체자재 Data 등의 정보를 수집하며, 제조공정 Data로 제조공정분석표, 제조방법과 특징, 설비사양, 개요일람, 제조표준, 작업표준, 공정 QC표, 검사수준 등의 정보를 수집한다. 그리고

신 재료, 새로운 Maker, 신기술 Data, Cost 산출용 Data 등의 자료를 분석한다. 정보를 수집하는 프로세스는 다음과 같다.

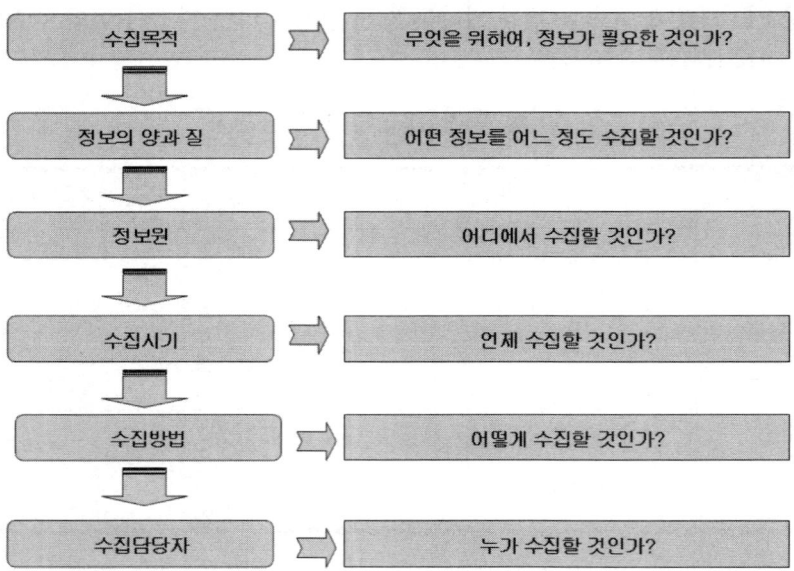

4단계 : 개선아이디어 개발

2 세븐툴을 이용한 아이디어 발굴

노리아키 (2005)는 아이디어 발상법이란 포지셔닝 분석에서 얻은 최적의 방향에 따라 창조적인 발상을 하는 것으로 상품력을 비약적으로 높일 수 있는 중요한 단계라고 하였다. 일반적으로 개인의 아이디어나 감에 의존하는 상품기획에서는 이 단계만 중시되는 경향이 있어 다른 단계와 심한 불균형을 이룬다. 아이디어 발상을 도와주는 기본요건은 다음과 같다.

① **풍토** : 이단(異端)이나 실패를 허용하는 자유로운 조직 풍토를 배양한다.
② **환경** : 어울리는 직장 환경을 만든다. 쾌적함과 자극이 양립되도록 도모한다. 너무 조용해도 너무 시끄러워도 안 된다.
③ **정보** : 정보를 쉽게 수집하고 분석할 수 있는 환경을 정비한다.
④ **팀** : 세 사람이 모이면 없던 지혜도 생기는 법이다. 서로 다른 사람으로 팀을 짤 것. 성별, 문과/이과 출신, 연령이 균형을 이루도록 하면 서로 다른 발상이 나올 수 있다.
⑤ **동기부여** : 보수, 인사평가 등에 반영시킨다.
⑥ **안테나** : 호기심을 가지고 뭐든지 흡수해버릴 것. 감성을 갈고 닦을 것.
⑦ **집중** : 잡음을 피하고 릴랙스비만 집중할 것.
⑧ **그리기** : 이미지를 끊임없이 그릴 것. 손으로 쓰는 것은 두뇌를 자극 한다.
⑨ **관찰** : 무엇을 하고 있는지, 왜 그런지, 문제는 어디에 있는지, 실제로 현장에서 관찰하면 매우 유용한 힌트를 얻을 것이다.
⑩ **발상법** : 힌트를 단기간에 대량으로 효과적으로 만들어내는 기법.

상품 기획의 7가지 도구의 발상법에서는 여러 발상법 중에서 다음의 3분류 4기법을 추천한다.

Chapter Ⅱ 원가절감 PROCESS

1) 3 분류

(1) 혁신형 발상법 : 아날로지 발상법, 초점 발상법, 깜짝 놀랄 만한 독특한 아이디어를 얻기 위한 발상법.

(2) 개량형 발상법 : 체크리스트 발상법, 기존 상품의 개량품을 만들고 싶을 때 새로운 시점이나 방향을 만드는 데 편리한 체크리스트.

(3) 응용형 발상법 : 시즈(seeds)발상법, 자사에서 보유하고 있는 강력한 기술, 소재, 부품 등의 새로운 응용을 탐색하기 위한 발상법.

2) 4 분류

(1) 아날로지 (analogy : 유추)발상법

상식을 뒤엎는 획기적인 아이디어를 얻고자 할 때 사용하면 좋다. 구체적으로는 상식에서 시작하여 이를 부정함으로써 발생되는 문제점을 해결하거나 활용한다. 다음의 6단계를 통해 전혀 다른 것으로 바꿔볼 수 있다.

① **상식** : 고정되어 있는 부문, 당연한 부문, 의외로 알아채지 못한 것도 많기 때문에 의식적으로 당연한 것을 찾는다.

② **역(逆)설정** : 그 상식을 거꾸로 뒤집는다 (부정한다).

③ **문제점** : 상식을 뒤집으면 대개 문제가 발생하는데 그 문제를 기술한다.

④ **키워드** : 무리해서라도 문제점을 해결하기 위한 키워드를 찾는다.

⑤ **아날로지 (유추)** : 상품화를 촉진하기 위해 유사한 것을 생각해 본다. 이 세상에 있는 시스템, 생물, 상품 등에 이 경우에 사용할 수 있는 것은 없는지, 이와 가까운 것은 없는지 찾는다.

⑥ **상품** : 아날로지를 응용·변형·종합하여 키워드의 컨셉을 실현한다.

아날로지 발상법의 예

건강식품 <예>	① 상식	② 역설정	③ 문제점	④ 키워드	⑤ 아날로지	⑥ 상품
선술집	술이 있다	술이 없다	술을 마실 수 없다	가게 밖에서 산 물건을 가지고 안으로 갖고 들어온다.	선술집	주류상점과 합쳐진, 음식물을 갖고 들어올 수 있는 선술집
패밀리 레스토랑	주차장이 있다	주차장이 없다	차로 올 수 없다	사람들이 모이기 쉬운 곳에 만든다	편의점	쇼핑이 가능한 편의점 패밀리 레스토랑
건강식품	드링크	반고체	이미지가 약하다	우아한 모양	슈크림	두 가지 맛을 즐길 수 있는 이중구조로 된 젤리
건강식품	여러 가지 성분이 들어 있다.	들어 있는 성분이 적다	무엇으로 범위를 좁힐까?	건강하게	초콜릿	과라나 엑기스 함유
				즐겁게	주스	비타민C 함유

출처 : 카나 노리아키 (2005), 세븐툴.

(2) 초점 발상법

특정 사물에 초점을 두고 그 요소를 열거한다. 각 요소를 상품에 강제적으로 연결 지어 본다. 연상 게임과 같은 발상법인데 의외로 짧은 시간 내에 유용한 아이디어를 얻을 수 있다. 초점의 대상은 가능하면 자신이 좋아하는 대상이나 규모가 큰 것 또는 복잡한 것이 좋다.

아이스크림으로부터 여성용 카메라의 아이디어 추출

<요소>	<중간 아이디어>	<상품 아이디어>
토핑	카메라를 장식하는 것	카메라의 겉부분을 교체 가능하게
맛이 다양함	색상이 다양함	그날의 복장에 어울리는 패션 카메라
콘이 있음	지원하는 툴	초소형 삼각대 내장
우유	액체가 들어있음	액정화면으로 촬영한 사진을 확인할 수 있는 간이 디지털 카메라 내장

출처 : 칸다 노리아키 (2005), 세븐툴.

(3) 체크리스트 발상법

시점이나 방향을 바꾸고 싶을 때 도움이 되는 힌트 모음으로 브레인스토밍의 툴로 써도 좋다. 아홉 가지 대항목 안의 소 항목으로 만들어지는 체크리스트를 힌트로 아이디어를 짜내는데 특별히 순서는 없고 무작위로 활용한다. 범용 리스트이기 때문에 마음대로 고쳐 쓸 수 있고 다른 목적에 도움이 된다. 자사 혹은 자신만의 전용 리스트를 개발하면 가장 좋다.

체크리스트 발상법

	발상의 방법
1	다른 것으로의 전용(轉用)은? (Put it other use?)
2	다른 것으로의 응용은? (Adapt?) 그 밖에 이것도 비슷한 것은 없는지? 과거에는 비슷한 것이 없었는지? 뭔가 흉내 낼 수 없는지?
3	변경한다면? (Modify?) 편하게 만든다면? 사용법을 바꾼다면? 의미, 색상, 움직임, 소리, 냄새. 양식, 디자인 등을 바꿀 수 있는지?
4	확대한다면? (Magnify?) 더 강하게, 더 높게, 더 길게, 더 두껍게, 더 고급으로 한다면? 고기능으로 한다면?
5	축소한다면? (Minify?) 뭔가 줄일 수는 없는지? 더 작게, 농축, 미니추어화, 더 낮게, 더 짧게, 더 가볍게 한다면? 기능을 몇 가지로 줄인다면? 분할시킬 수는 없는지?
6	다른 것으로 대신하여 사용한다면? (substitute?) 다른 소재, 다른 동력(動力), 다른 장소는?
7	재배열 (Arrange), 다시 한다면? (Rearrange) 요소를 바꾼다면? 다른 패턴으로는? 다른 레이아웃은? 다른 순서로는?
8	거꾸로 한다면? (Reverse?) (사진의) Positive와 Negative를 바꾼다면? 거꾸로 하면 어떤지? 실패 사례를 교훈으로 한다면? 앞뒤 방향을 바꾼다면? 위아래를 뒤집는다면? 반대 역할은?
9	종합한다면? (Combine?) 브랜드(Blend), 합금, 세트 상품의 구성, 앙상블은 어떤지? 아이디어를 조합한다면? 캐릭터를 추가한다면?

출처 : 칸다 노리아키 (2005), 세븐툴.

4단계 : 개선아이디어 개발

(4) 시즈 (seeds)발상법

사내에서 배양된 기술이나 어떻게 응용하면 좋을지 모르는 특허, 용도를 충분히 개발하지 못한 소재 등을 응용한 상품을 개발하기 위한 기법이다. 기술, 특허, 소재, 부품, 시스템, 구조 등 응용하고 싶은 종자(seed)를 여기서 총칭하여 부른다.

시즈발상법 (음성 인식기술 예)

시즈(seeds)에 의한 이점(rnerit)	이점의 변환	문제점	키워드	아날로지 (analogy, 유추)	아이디어
목소리로 입력 가능하다	<거꾸로 하면?> 음성으로 출력 한다.	입력하면 그대로 출력되는 것만으로는 재미없다	대화를 한다.	대화를 한다.	대화를 한다.
누구 목소리인지 인식할 수 있다	<확대하면?> 여러 사람의 목소리를 동시에 인식할 수 있다.	음성인지 소음인지 인식할 수 없다	듣고 싶은 목소리만 선택한다.	멀티 채널형 TV	멀티 채널형 TV 회의시스템
인식 스피드가 빠르다	<결합하면?> ATM과 결합한다.	안정성(security)은 괜찮은가?	음성을 인식한다.	잘 아는 친구	음성 인식 장치 부착 ATM

출처 : 칸다 노리아키(2005), 세븐툴.

Chapter II 원가절감 PROCESS

3
집단 지성을 이용한 아이디어 발굴

인터넷의 발달로 현제의 인터넷 세대를 웹2.0시대라고 한다. 웹2.0시대의 사람들은 마음만 먹으면 자유로운 인터넷 환경 하에서 자신의 생각과 정보를 글과 동영상으로 담아 손쉽게 표현할 수 있게 되었다. 소수의 매체들이 아닌 대중도 지식과 정보의 생산, 유통에 적극 참여할 수 있게 되었다.

인터넷을 포함한 위키스, 블로그, 그룹 메세징 소프트웨어와 같은 새로운 디지털 플랫폼은 정보를 창출하고 교환하고 정제하는 기술들을 Web2.0이라고 한다(McAfee, 2006). Web2.0은 기업내부에서 지식 노동자들이 유형의 성과를 내는데 도움을 주는 기술이라고 해서 "엔터프라이즈 2.0 (Enterprise 2.0)이라고 명명하였다.

역동적인 경영환경 하에서 기업은 고객들로부터 사랑을 받고 자사 제품과 서비스에 대한 고객충성도를 높이기 위한 전략을 개발하여야 한다. 탁월한 서비스 제공은 결코 단발성으로 끝나는 일이 아니다. 이제 기업의 가치 창출은 고객의 참여를 전제로 한 고객과의 상호작용에 의한 신제품개발, 품질경영활동이 추진되어야 한다. 최근 기업들은 위키, 블로그, 그룹 메시지와 같은 소프트웨어를 이용하여 고객관련 지식을 습득하여 지식 노동자의 성과를 높이고 있다(McAfee, 2006).

웹2.0의 특징으로 현실의 대안, 소수자 대두, 기존질서의 붕괴 등을 들고 있다. 웹2.0시대를 살아가고 있는 사용자들은 직접 콘텐츠를 제작하여 공유하는 UCC, 기존 파레토 법칙 하에서 덜 강조되던 하위 80%의 중요성이 강조되는 롱테일(Longtail : 긴 꼬리 효과로 주목받지 못하던 다수의 소액구매자가 전체 매출에 큰 비중을 차지하는 현상)효과, 서로 다른 기술을 병합하여 전혀 다른 서비스를 창출하는 메시업(Mash-up) 등의 정보방식을 이용한다(김계수, 2007).

웹2.0은 인터넷 사용자가 즉, 정보 제공자의 단 반향 정보제공이 아닌 인터넷 사용자가 스스로 정보를 만들거나 서비스에 참여한다. 웹2.0의 인터넷 사용자가 정보를 제공하는 이유는 다음과 같다.

❶ 정보를 올리는 사이트에서의 자신의 위치를 끌어올리고 정보를 자신의 정보를 이용하는 이용자들 중에서 리더의 역할을 원하기 때문이다.
❷ 정보 제공자는 자신의 정보로 인하여 자신의 명성을 높여준다고 생각한다.
❸ 정보를 자주 사용하는 사이트에서 정보를 많이 올린다.
❹ 동질성이 같은 사람들, 동일한 생각을 하고 있는 사람들이 정보를 많이 올린다.

이와 같은 웹2.0에서 사용되는 용어를 정리하면 다음과 같다.

1) 블로그

웹 (web) 로그 (log)의 줄임말로, 1997년 미국에서 처음 등장하였다. 새로 올리는 글이 맨 위로 올라가는 일지 (日誌) 형식으로 되어 있어 이런 이름이 붙었다. 일반인들이 자신의 관심사에 따라 일기, 칼럼, 기사 등을 자유롭게 올릴 수 있을 뿐 아니라, 개인출판, 개인방송, 커뮤니티까지 다양한 형태를 취하는 일종의 1인 미디어이다.

2) 공유

정보를 웹사이트에 공개하여 방문자들과 정보를 공유하거나 적극적으로 보급함을 말한다.

3) 위키피디아

누구나 내용을 등록하고 수정할 수 있는 인터넷의 협업 시스템으로 빨리 빨리라는 의미의 위키위키 (wikiwiki)에서 발생한 단어로서 인터넷상에서 GNU FDL (GNU : 자유문서사용허가서)에 따라 모두가 자유롭게 글을 쓸 수 있고 고칠 수 있는 체제로 만들어져 있다.

4) Creative Commons

자신이 만든 콘텐츠를 타인이 자유롭게 사용할 수 있도록 사용 권리에 대해 표시를 하는 것이다.

5) youtube

자신이 만든 동영상, 사진 등을 공개하고 인터넷에서 사용자들이 쉽게 찾을 수 있도록 만든 사이트이다.

6) Bittorrent

자신의 파일을 공유하도록 하여 인터넷 사용자가 다운로드할 수 있게 함과 동시에 자신 또한 타인의 파일을 검색해 내려 받을 수 있는 서비스이다.

7) Rss

사이트를 방문하지 않아도 새로운 콘텐츠가 올라왔는지를 확인할 수 있고 이를 통해 해당 콘텐츠를 바로 찾아볼 수 있는 기능이다.

8) Meta blog

Technorati, allblog 등 처럼 이용자가 직접 자기가 운영하는 블로그를 등록해서 자신의 글을 타인에게 알리거나 공유하는 것이다.

9) UCC

인터넷 이용자가 직접 동영상등을 제작하여 정보를 전달하는 것이다.

10) 크라우드소싱 (crowdsourcing)

대중(crowd) + 아웃소싱(outsourcing)의 합성어로 인터넷을 활용하여 대중으로부터 아이디어를 모으고 기술적 문제를 해결한다.

이와 같은 웹2.0세대들의 특징을 이용하여 집단지성을 통하여 개선아이디어를 개발할 수 있다. 집단지성은 다수의 인터넷 사용자들이 참여해 만들어낸 지식과 정보의 집합체로서 웹2.0에서 강조되는 공유와 참여, 개방의 논리가 반영하고 있다.

대표적으로 구글, 아마존, 위키피디아, 이베이가 집단지성이 만들어낸 대표적인 웹사이트다.

아마존(amazon.com)은 단순히 책에 대한 정보를 제공하는 차원을 넘어 사용자들이 사이트에 책 리뷰를 올릴 수 있도록 함으로써 집단지성의 지혜가 웹사이트에 담기도록 했으며, 위키피디아(wikipedia.org)는 누구나 웹사이트에 들어와 개념 설명을 하고 코멘트를 달 수 있도록 하고 이 정보를 무료로 제공하고 있다. 집단지성이 성공하려면 다음과 같은 조건들이 필요하다.

1) 다양성

다양한 인식과 시각이 있어야 한다. 이러한 다양성이 없으면 Group thinking에 빠질 수 있다. 그러나 다양한 인식과 시각들은 서로 충돌하기 때문에 적절한 보호와 견제가 필요하다.

2) 독립성

다양한 인터넷 사용자들이 자신의 독립된 판단 하에 의견을 낼 수 있어야 한다.

3) 집합의 절차

사용자들의 개별적인 의견을 집단의 의사로 종합할 수 있는 집합체가 있어야 한다.

Chapter Ⅱ 원가절감 PROCESS

집단지성의 사례

LG CNS 김 과장은 평소 생각한 부동산 정보사업 아이디어를 지난달 말 회사 신사업 제안 게시판에 올렸다. 아이디어가 선정되면 그는 신사업을 주도할 기회를 얻는다. 하루 만에 수십 개의 댓글이 달렸다. '현행법에 저촉될 소지가 있군요.' '비슷한 사업을 검토했는데 공인중개사들의 반발이 거셉니다.'

법무, 기술 등 각 분야의 사내(社內) 전문가는 물론 공인중개사 친척을 둔 직원까지 나섰다. 전문적인 조언과 개인의 생생한 체험까지 댓글에 담겼다. CNS는 온라인 토론으로 완성된 사업 아이디어들을 선별해 신규 사업으로 연결시킬 예정이다. 회사 관계자는 "댓글을 통한 전 사원의 신사업 구상 참여는 과거엔 상상도 할 수 없었던 일"이라며 "다양하고도 기발한 의견이 많이 나와 담당자들도 놀랐다"고 전했다.

국내 기업들은 대중이 인터넷을 통한 지식공유를 통해 최고의 지식과 지혜를 만들어 가는 '집단지성(知性)'의 힘을 주목하고 있다. 열린 인터넷을 통한 '개방' '참여' '공유'로 대표되는 웹2.0 경영에 나선 것이다.

○ 집단지성 활용에 나선 기업들

석사 1만 명, 박사만 3000명이 넘는 삼성전자 연구원들은 지난해 5월부터 사내 인터넷(인트라넷) 업무 포털에서 개인 블로그를 운영하고 있다. 인터넷 기술, 휴대전화 디자인 등 개인별로 관심 분야를 다룬 블로그가 1,000개 이상 개설됐다.

요즘 휴대전화 개발팀의 화두는 미국 애플사가 지난달 29일 선보인 '아이폰'. 팀원들은 아이폰에 대한 반응이나 후폭풍에 대한 아이디어를 찾기 위해 블로그를 참고한다.

"수천 개의 블로그 간에 경쟁과 진화를 통해 업무조직과는 별개로 전문가 그룹이 형성됐다. 통찰력 있는 의견이나 기발한 발상이 블로그에 들어 있다."(책임연구원)

인터넷 백과사전인 '위키피디아 방식'의 업무 시스템도 등장했다.

SK C&C는 6월 새 업무 시스템인 '하이퍼워크플레이스'를 구축하며 위키피디아 공동편집 기능을 도입했다. 과거에는 한 팀이 보고서를 작성하려면 오프라인이나 e메일, 메신저를 통해 팀원 간에 작업파일을 수없이 주고받아야 했다. 지금은 여러 명이 하나의 파일을 열어 동시에 작업할 수 있다. 짧은 시간에 아이디어를 모을 수 있다.

4단계 : 개선아이디어 개발

○ 소비자 의견 미리 수집 제품 보완

기업 내부를 넘어서 소비자와 전문가 수준의 아마추어들로부터 지혜를 구하는 크라우드소싱(crowdsourcing)도 등장했다.

안철수연구소는 올해 초 컴퓨터 보안 서비스인 '빛자루'를 정식 출시하기 전 블로그를 개설해 시험 버전을 누리꾼에게 공개했다. 제품을 구매하기도 전에 실망하는 위험 부담이 있었지만 소비자의 불만을 미리 수집해 완제품의 완성도를 높일 수 있었다.

인터넷 서점 알라딘은 누리꾼이 블로그에 올리는 서평을 회사의 자산으로 공유하는 '생스 투 블로거(Thanks to blogger)' 프로그램을 시작했다. 그저 책이 좋아 올리는 수많은 비평과 독후감이 회사의 무기가 된 것. 9개월 만에 확보된 블로그만 7500개.

○ 과거엔 없던 새로운 지식 확보 가능해

집단지성이라는 개념은 영국 유전학자 프랜시스 골턴(1822~1911)이 정립했다. 그는 황소 몸무게 알아맞히기 대회에서 정답을 알아맞힌 사람은 없었지만 퀴즈에 참가한 사람들이 적어 낸 몸무게를 합쳐서 참가자 수로 나눠 보면 정답에 근사하다는 사실을 발견했다.

인터넷의 등장으로 집단지성을 큰 비용을 들이지 않고 활용할 수 있게 되자 기업이 웹2.0이라는 이름으로 경영에 도입하고 있다.

회사 내부의 집단지성 활용은 문서 형태로 구체화된 형식지(形式知)만 활용해 온 한계를 넘어 개인적인 체험과 같은 암묵지(暗默知)까지도 기업의 자산으로 만들어 준다. 기업 내 관료주의 제거에도 활용된다. 외부에서는 소비자나 전문가의 의견을 들을 수 있다.

웹2.0 경영의 대표주자는 미국의 생활용품 기업 P&G. 이 회사는 신제품의 35%를 외부 전문가 150만 명의 의견에 따라 개발한다. 연간 15억 달러를 들여 기술을 개발해 놓고도 특허의 10%도 제대로 활용하지 못하는 비효율적인 연구개발(R&D)의 해답을 외부에서 찾은 것이다.

소프트뱅크 미디어랩 소장은 "일부 선도적인 국내 기업들이 웹2.0 경영을 도입했지만 아직 내부용에 그친다."며 "내부는 물론 외부와의 소통을 늘려야 효과를 극대화할 수 있다"고 지적했다(동아일보, 2007.7.5).

Chapter II 원가절감 PROCESS

4 5W2H 기법을 이용한 아이디어 발굴

아이디어를 얻기 위하여 제안제도에는 5W2H 기법을 사용하기도 한다. 5W2H는 무엇을, 왜, 어디서, 누가, 어떻게, 얼마나라는 말로 자기 자신에게 질문하고 아이디어를 내어나가면 생각하는데 누락이 없어진다. 개선안을 생각할 때는 5W1H가 아니라 How Much가 추가된 5W2H가 된다.

5W2H의 아이디어 착상법

구분	5W2H	의미	조사방법	대책
1.대상	What	무엇을 하고 있는가? 이 업무는 그만둘 수 없는가?		불필요한 업무, 또는 그 부분을 제거한다.
2.목적	Why	왜 이 업무가 필요한가? 목적을 분명히 한다.		
3.장소	Where	어디서 하는가? 어디서 해야 하는가?	• 레이아웃을 그림으로 그린다.	조합이나 순서를 바꾸어 본다.
4.순서	When	언제 하는 것이 가장 좋은가? 그 시점에 꼭 해야 하는가?	• Flow Chart • 빈도, 횟수, 시기조사 • 1회당 시간단축	
5.사람	Who	누가하고 있는가? 다른 사람이 하면 안 되는가? 왜 이일을 당신이 하는가?	• 작업자별 시간 측정	
6.수단	How	어떻게 하고 있는가? 이 방법이 가장 좋은 방법 또는 수단인가? 이 방법 외에 다른 더 좋은 방법은 없는가?	• 인터뷰, 앙케트 조사, 만족도 조사	업무를 단순화 한다. 다른 방법을 생각한다.
7.비용	How Much	비용이 얼마나 드는가? 개선하면 얼마나 절약할 수 있는가?	• 개별단가산출 • 개별원가산출 • 공정원가산출	개선 방법을 선정한다.

4단계 : 개선아이디어 개발

5 체크리스트법을 이용한 아이디어 발굴

아이디어의 힌트는 업무를 수행하기 어렵거나 효율을 향상시키고자 할 경우에 다음과 같은 그림으로 표시한 오즈본의 체크리스트를 사용하여 생각해 볼 수 있다.

1) 다른 용도로 사용할 수는 없을까?

  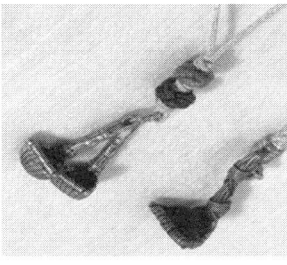

[전통복조리]　　　　　　　　　　　　[주석복조리 핸드폰 줄]

2) 다른데서 아이디어를 응용할 수 없을까?

  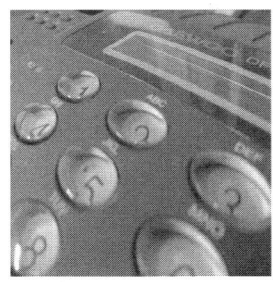

[피아노 건반]　　　　　　　　　　　　[전화기 버튼]

3) 형태, 색채, 운동 등을 바꾸면 어떨까?

4) 축소해 보면 어떨까?

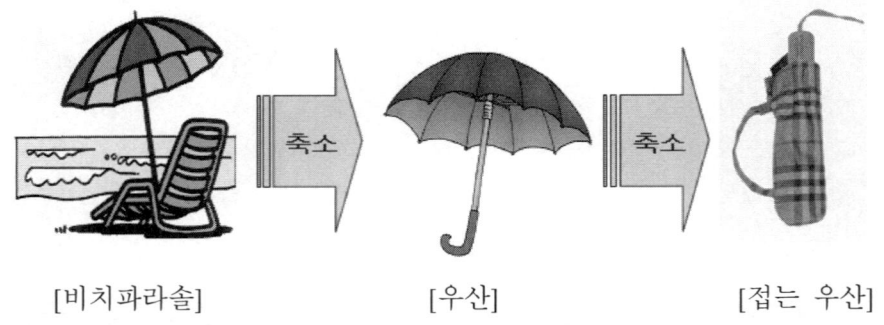

[비치파라솔]　　　　　　[우산]　　　　　　[접는 우산]

5) 확대해보면 어떨까?　　6) 대용할 수 있는 것은 없을까?

7) 바꾸어 보면 어떨까?

  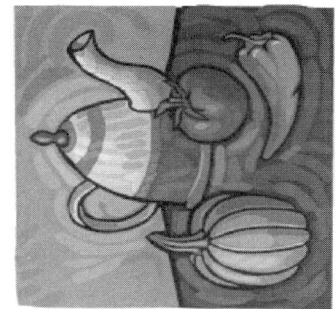

8) 반대로 하면 어떨까?

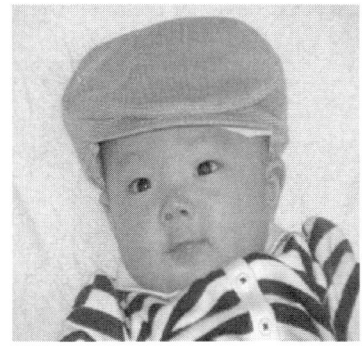  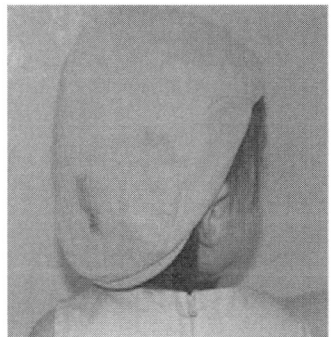

Chapter II 원가절감 PROCESS

아이디어 착상사례

4단계 : 개선아이디어 개발

개선아이디어 개발도구들

구분	아이디어 창출방법	비고
VE	- 기능 정의 - 기능 평가 - 대체안 작성	
세븐 툴	- 아날로지법 - 초점발상법 - 체크리스트법 - 시즈발상법	- 상식, 역설정, 문제점 아날로지유추, 상품 - 연상게임식 - 힌트 모음 - 사내의 기술, 특허, 소재, 부품, 시스템 등을 응용
집단지성	- Web 2.0 활용	- 블로그, 공유, 위키피디아, youtube, 크라우드 소싱
5W2H	- 대상, 목적, 장소, 순서, 사람, 수단, 비용	
체크리스트법	- 체크리스트를 작성하여 아이디어 발굴	- 다른 용도로 사용할 수 없을까? - 다른데서 아이디어를 응용할 수 없을까? - 형태, 색체, 운동 등을 바꾸면 어떨까? - 축소해보면 어떨까? - 대용할 수 있는 것은 없을까? - 바꾸어 보면 어떨까? - 반대로 하면 어떨까?

Chapter Ⅱ 원가절감 PROCESS

개선활동 계획서

작성	검토	승인
/	/	/

팀명(개인명)

개선테마	개선 전 (현상 및 문제점)	개선 후	기대 효과	비고
				그림으로 표현가능

세부 추진일정

추진계획	추진일정 (월)												비고
	1	2	3	4	5	6	7	8	9	10	11	12	

타당성 검토(혁신 팀 검토)

제출일자 :

5단계 : 개선아이디어 분석

5단계
개선아이디어 분석

1 아이디어의 분석

하나의 문제점에 대하여 여러 가지 도출된 아이디어에 대하여 단 한 가지 안으로 압축하는 단계로서 압축하여 최종 아이디어를 만드는데 있다. 이는 실현 가능성, 실시에 필요한 비용, 시간, 노력 등의 총화, 실시함으로써 얻어지는 이익, 새로운 응용성, 그 효과의 안정적 유지 여부 등의 균형이다. 아무리 매력적인 아이디어라도 이 균형이 깨지면 개선안은 성립될 수 없다. 따라서 최종 아이디어를 결정하는데 다음과 같은 요소를 추가하여 생각하여 접목하여 본다.

❶ 좀 더 비용을 들이지 않고 개선하는 방법은 없을까?
❷ 폐품을 적절히 이용할 수는 없는가?
❸ 이런 방법이라면 1개월도 지속되지 못한다. 영구적인 방법은 없을까?

수많은 아이디어 착상이 모두 결실이 되는 것은 아니므로 때로는 이것을 버리고 다시 해야 하는 경우도 있다. 여러 차례 시행착오를 반복하는 가운데 아이디어는 숙성되고 질이 높은 것이 된다. 일관성의 사고에서 생기는 개선안은 결국 단순히 그것으로 그친다. 그리고 좋은 아이디어에 대비하여 자기 채점을 해보아야 한다. 이렇게 함으로써 불충분한 점, 다시 생각해보아야 할 점을 발견하게 된다. 그리고 다음과 같은 아이디어의 평가요소를 적용하여 검토하여 본다.

Chapter II 원가절감 PROCESS

1) 유형의 효과

수입증가, 생산성 향상, 인원 감축, 시간 단축, 재료절감, 공수절감 등 금액으로 환산 가능한 절감 효과의 크기를 검토한다.

2) 무형의 효과

품질, 납기, 안전, 위생, 정리정돈, 노동경감, 의욕향상, 인간관계 개선, 제도개선, 기업 이미지향상, 고객 신용도향상 등 금액으로 환산할 수 없는 효과를 파악한다.

3) 실시 가능성 (난이도, 응용성)

실시에 따른 비용의 크기와 소요시간, 실시의 완급도(바로실시 해야 하는가, 다음에 해도 되는가)제안에 담긴 아이디어를 다른 현장에도 적용할 수 있는가? 범용성의 정도, 제안 실시에 따라 다른 현장이나 다른 공정에 미치는 나쁜 영향은 없는지 검토한다.

4) 다른 분야에 대한 영향

아이디어의 실시에 따라 다른 분야에 나쁜 영향을 미치는지 검토한다.

5) 계속성

아이디어의 실시 효과가 상당기간 지속되는 것인가? 또는 단기적인가? 정도를 분석한다.

6) 구체성 (완전성)

아이디어의 내용이 바로 실시할 수 있는 구체적인가? 또는 수정 및 보충을 해야 하는 것인가를 파악한다.

7) 독창성 (착상)

스스로 고안한 독창적 아이디어에 의한 것인가? 또는 다른 아이디어를 적절히 응용한 것인가를 분석한다.

8) 노력도 (연구도)

아이디어가 즉흥적 착상을 그대로 적용한 것인가 등의 연구의 노력도를 분석한다.

9) 직무감정

아이디어가 직무에 관계된 것인가를 파악한다.

문제의 프로세스를 도식화하고 프로세스 내에서 장애원인을 찾아내는 과정으로서 고객의 요구 수준에 악영향을 미치는 프로세스 또는 낭비의 원인이 되는 프로세스를 추적한다. 프로세스 추적은 브레인스토밍법, 공정도 분석, 파레토 분석 등을 이용할 수 있다.

2 아이디어 선택

여러 아이디어 중에서 가장 좋은 것을 골라내기 어려울 경우 이 기법을 사용한다.

1) 가중 평가법

고객에게 간단한 앙케트를 실시하고 복수의 평가 항목에 미리 설정해둔 가중치를 적용해 합계 점수가 높은 아이디어를 채택한다.

가중 평가법

구 분	기분 좋을 것 같다	미용, 건강에 효과가 있을 것 같다	사용하기 편리할 것 같다	재미있을 것 같다	종합	평가
가중치	0.27	0.45	0.72	1	-	-
① 오블라트처럼 봉지가 녹는 입욕제	3.6	2.6	4.8	4.1	10.06	◉
② 자동으로 나와 녹는 입욕제	3.4	3.0	4.6	4.5	10.42	◉
③ 자기가 만드는 오리지널 입욕제	3.7	4.1	3.2	3.7	9.22	○
④ 도중에 색깔이나 효과가 바뀌는 입욕제	4.1	4.0	3.5	4.4	10.24	◉
⑤ 욕조 세정 효과가 있는 입욕제	2.2	3.0	4.2	3.2	8.39	△
⑥ 향기만 나는 투명한 입욕제	3.6	3.3	3.2	3.2	8.32	△
⑦ 캐릭터가 나오는 입욕제	3.6	2.8	3.2	4.7	9.60	○
⑧ 소리나는 입욕제	3.8	3.5	3.0	4.4	9.54	○
⑨ 잠이 오게 하는 입욕제	3.9	3.3	3.1	2.8	7.96	×
⑩ 정량 이상은 나오지 않는 계량 입욕제	2.8	3.1	4.2	2.7	8.16	△
⑪ 감기를 낫게 하는 입욕제	2.6	4.5	3.0	3.1	8.25	△

출처 : 칸다 노리아키 (2005), 세븐툴.

5단계 : 개선아이디어 분석

2) 일대일비교평가법 (AHP)

2개 항목씩 중요도를 비교하는 것을 반복하여 가중치를 결정하고 아이디어 평가도 마찬가지로 2개씩 일대 비교한다.

일대일 비교법

구분	가중치/득점
실현 가능성	0.585
비용	0.353
개발 기간	0.062
봉지가 녹는다	0.057
자동적으로 나온다	0.310 ●
자신이 만든 오리지널	0.029
색이나 효과가 변한다	0.266 ○
캐릭터가 나온다	0.299 ○
소리가 난다	0.040
오오후지 연구개발부장, 이마노 제조부장 두 사람의 응답	

구분	가중치/득점
수요	0.373
프로모션	0.448
화제성	0.179
봉지가 녹는다	0.035
자동적으로 나온다	0.313 ●
자신이 만든 오리지널	0.040
색이나 효과가 변한다	0.284 ○
캐릭터가 나온다	0.288 ○
소리가 난다	0.040
오카모토 마케팅 부장, 나카자와 영업부장 두 사람의 응답	

출처 : 칸다 노리아키 (2005), 세븐툴.

3) 컨조인트 분석 (Conjoint analysis)

컨조인트 분석은 제품과 서비스 속성들을 통해 소비자들의 의사결정을 제시해 주는 방법이다. 소비자들의 행동과 관련된 정보를 입력함으로써 예측변수의 조합을 통해 소비자의 행동과 관련된 행동을 예상할 수 있다. 컨조인트 분석 절차는 다음의 그림과 같다.

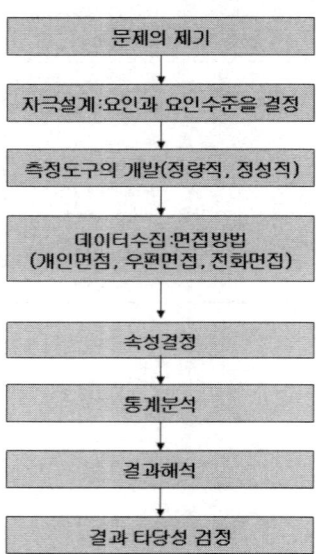

컨조인트 분석절차

4) 품질표

노리아키(2005)는 아무리 강력한 감동 상품의 컨셉을 찾아냈어도 실제로 상품화 되지 않으면 의미가 없다고 하였다. 상품력이 높은 상품을 만들려면 컨셉 자체의 완성도나 매력도는 물론 품질 레벨이나 환경 대응 등에도 부족함이 있어서는 안 된다. 품질표는 이를 위해 요구되는 품질 항목을 정리하고 기술 특성을 변환하는 역할을 하고 있다. 품질표의 작성절차는 다음과 같다.

① 컨조인트 분석으로 얻은 최적의 요소
  - 조사, 발상 등의 단계에서 얻은 고정적인 요소(꼭 실현해야 할 성능, 기능, 내구성, 가격 등)
  - 사회적 요청(환경에 대한 배려, 안전성 등 고객으로부터 요구가 없어도 실현해야 할 사항)
② ①의 상품 컨셉을 계통적으로 정리한 "기대 항목 전개표"를 만든다.
③ 이를 기술적으로 실현하기 위한 특성, 설계시에 명확히 해야 할 특성을 모아 계통적으로 정리한 "기술특성전개표"를 만든다.
④ ②, ③을 매트릭스화 한다.
⑤ 크로스된 부분에 대응 관계의 강약을 ◎(강한 대응), ○(대응 있음), △(대응이 예상됨)로 기입한다.

Chapter II 원가절감 PROCESS

품질표

기대항목전개표 1차	2차 \ 기술특성전개표 1차/2차	취급성 녹는시간	녹는온도	배합용이성	포장재질	배합성분 유효성분량	색소배합비율	방향제배합량	첨가제배합량	외장형태 패키지모양	패키지중량	포장모양	포장크기	구입성 보존기간	판매가격	유통충실도	화제성 릴렉스정도	안전도	주목도	건강관심도
마음이 차분해 진다	잠이 잘 온다							○	◎								◎			
	목욕물의 색이 예쁘다						◎											○	◎	
재미있다	시간 간격을 두고 다른 입욕제가 나온다	◎		◎						◎							◎			
	거품 소리가 난다							◎										○	◎	
	캐릭터가 나온다				◎							○	○						◎	
피곤함이 가신다	몸이 따뜻해진다		○			◎														○
	오랫동안 목욕할 수 있다					○	○										◎			
	땀이 잘 나온다				◎		○													◎
쓰고 싶어진다	중간에 색이나 효과가 바뀐다	◎				◎	◎	○	◎					○				○		○
	피부가 매끈해진다					○		◎												
사용하기 쉽다	포장까지 물에 녹는다	◎	◎	◎										○					○	
	저절로 물과 섞인다	○	○					◎		○	○									
	포장이 잘 되어 있다									◎		◎	○							◎
안심하고 쓸 수 있다	마셔도 안전하다				◎	○								◎				◎		
	쓰레기나 찌꺼기가 안 나온다				◎							○	○							
경제적이다	장기간 보존할 수 있다				◎									○	◎	◎		◎		
	부담없이 구입할 수 있다														○	◎				
	어디서나 살 수 있다							◎								◎				

출처 : 칸다 노리아키(2005), 세븐툴.

6단계: 개선아이디어 실행

개선이란 제품을 생산하는 과정에 잠재하고 있는 낭비를 제거하여 보다 쉽고, 보다 빠르고, 보다 편하게 제품을 생산하는 활동을 말한다. 따라서 현장 개선활동은 다음과 같은 원칙하에 추진되어야 한다.

1) 개선 (보다 쉽게)

제품을 만드는 방법을 바꾸는 것으로 지금까지의 제조방법을 잊어버리고 백지상태에서 새로운 방법을 찾는 것이다. 제품을 만드는 방법은 한 가지만 있는 것이 아니라 수없이 많은 방법들이 있다. 우리는 다만 그 방법을 찾으려 하지 않거나 아직 찾지 못하였을 뿐이다.

2) 활동 (보다 편하게)

제품을 만드는 형태를 바꾸는 것으로 글씨를 쓰는 자세에 따라서 글씨체가 달라지듯이 제품을 만드는 사람과 제조현장을 최신의 방법으로 개선하고자 하는 것이다.

3) 원칙 (보다 빠르게)

제품을 만들어 이윤을 창출하는 것은 제품을 필요로 하는 고객에게 필요한 시점에 필요한 만큼 가장 싸고 편리하게 제공하여 주어야 한다.

Chapter Ⅱ 원가절감 PROCESS

1
즉실천 활동

　개선을 실시하는 단계로서 개선 방법이 확정되면 즉시 개선을 실천한다. 즉실천은 현장의 문제점이 발견되면 개선팀은 철야작업을 통하여서라도 즉시 개선하는 제도를 말한다. 개선은 효과가 큰 개선항목을 우선하며 실현성이 있는 항목을 먼저 추진한다.
　선택된 아이디어의 적용 및 실시단계로서 아이디어의 실시는 아이디어를 개발한 개인 또는 팀에서 직접 실하는 것도 효과적이지만 기술적인 개선을 요구하는 아이디어는 전문가 혹은 사내 개선제작팀에서 제작한다.
　실시할 때는 상사, 동료, 사내 그 분야의 전문가들과 토론하여 협조를 얻는 것이 효과적이면 공정 개선아이디어의 경우 전·후 공정에 대한 영향을 충분히 고려하여 실시한다.
　아이디어 개선 제작팀이 회사 내에 구성되어 있으면 제작팀은 제작이 결정된 아이디어에 대하여 빠른 시간 내에 제작한다. 즉실천에서 선정된 아이디어는 당일 아니면 다음날까지 아이디어가 제작되어 적용하도록 하고 있다.

2
사내 개선팀 구성

　사내 개선팀 운영은 즉실천 운영방법과 유사한 개념으로 사내에서 우수한 제작기술을 가진 숙련된 사원이나 제작에 노하우를 갖춘 경력이 많은 현장직 사원을 중심으로 구성한다. 사내 개선팀은 현업에서 근무를 하면서 개선아이디어가 확정되면 구성된 팀이 모여 개선안을 제작한다. 개선팀에서 제작이 불가능한 아이디어는 개선팀이 주관이 되어 외주의뢰를 한다.

개선활동 지원 요청서

작성	검토	승인
/	/	/

팀명(개인명)		일자 :

1. 지원 내역

요청내역	상세지원내역

2. 소요예산

추진내역	소요 금액

3. 예산 승인

예산담당	승인 금액	

Chapter Ⅱ 원가절감 PROCESS

개선완료 보고서

작성	검토	승인
/	/	/

팀명(개인명)		일자 :	

1. 현황 및 문제점

현 황	문제점

2. 개선활동 추진내역

추진내역	결과(그림으로 표현가능)

3. 절감금액

원가절감액	금액(1년간 절감가능 금액)
	상세 산출내역

7단계: 결과평가

개선된 아이디어의 평가는 유·무형 효과 평가와 난이도, 응용성 평가, 독창성 평가 등을 평가 한다.

1 유·무형 효과 평가

수입증가, 생산성 향상, 인원 감축, 시간 단축, 재료절감, 공수절감 등 금액으로 환산 가능한 절감 효과의 크기를 검토한다. 품질, 납기, 안전, 위생, 정리정돈, 노동경감, 의욕향상, 인간관계 개선, 제도개선, 기업 이미지향상, 고객 신용도 향상 등 금액으로 환산할 수 없는 효과를 파악한다.

2 난이도 및 응용성 평가

실시에 따른 비용의 크기와 소요시간, 실시의 완급도(바로실시 해야 하는가, 다음에 해도 되는가)제안에 담긴 아이디어를 다른 현장에도 적용할 수 있는가? 범용성의 정도, 제안 실시에 따라 다른 현장이나 다른 공정에 미치는 나쁜 영향은 없는지 검토한다. 또한 아이디어의 실시에 따라 다른 분야에 나쁜 영향을 미치는지 검토한다. 그리고 아이디어의 실시 효과가 상당기간 지속되는 것인가? 또는 단기적인가? 정도를 분석하며, 아이디어의 내용이 바로 실시할 수 있는 구체적인가? 또는 수정 및 보충을 해야 하는 것인가를 파악한다.

Chapter Ⅱ 원가절감 PROCESS

🔧 3
독창성 평가

스스로 고안한 독창적 아이디어에 의한 것인가? 또는 다른 아이디어를 적절히 응용한 것인가를 분석한다. 또한 아이디어가 즉흥적 착상을 그대로 적용한 것인가 등의 연구의 노력도를 분석한다. 그리고 아이디어가 직무에 관계된 것인가를 파악한다.

🔧 4
평가기준

유형효과 금액 산정기준은 다음과 같다.

1) **인건비** : 당해사업년도 사업계획 기준적용
2) **자재비** : 구매팀에 등록된 자재단가 기준
3) **설비비** : 설비관리 팀에서 관리하고 있는 설비의 잔존가, 또는 투자예상 금액 등
4) **기타경비** : 객관적인 근거에 산출된 비용
5) **유형효과 산출 시점** : 당해월로부터 1년 또는 당해 연도 생산계획 등의 계수치를 적용한다.

심사평점 기준 사례

평가항목			비중	평점기준				비고
유형효과	금액으로 산출가능효과		50점	50점	49-45	44-40	39-35	34-30	금액기준을 정하여 평가가능
무형효과	창의성		10	10	8	5	3	이하	
	노력도		10	10	8	5	3	이하	
	실시여부		10	10 (실시)		5 (미실시)			
	표준화		10	5 (반영)		0 (미반영)			
	지속성		10	10	8	5	3	이하	
	적용범위		10	5 (회사전체)		4 (부서 내)			
	가점		5	10 (특허출원)		5 (실용신안/상표등록)			

7단계 : 결과평가

개선결과 평가

작성	검토	승인
/	/	/

팀명 (개인명)		일자 :

1. 현황 및 문제점

개선 테마명	예상 효과	실시 효과	달성도

2. 개선활동 추진내역 (유형성)

추진내역	결과 (그림으로 표현가능)

3. 무형성 평가

구분	예상 효과	실시 효과	비고
난이도			
응용성			
독창성			
기타			

Chapter Ⅱ 원가절감 PROCESS

결과보상

개선 결과에 대한 보상은 모든 아이디어에 대한 보상과 1년간 기대효과에 대한 보상, 참여자 전원을 대상으로 보상을 한다. 보상은 개선 아이디어를 제안한 제안자 또는 제안팀에서 아이디어를 제출하면 즉시 보상하며, 아이디어가 채택되면 결과평가를 통하여 향후 1년간 개선아이디어가 적용되어 나타날 효과를 분석하여 보상한다. 또한 팀원 전원이 보상의 혜택을 받을 수 있도록 한다.

개선결과 보상에 대한 회사의 사규에 정하여진 규정이 있으면 규정에 따라서 실시한다. 다음은 개선 제안에 대한 보상 사례이다.

제안제도 보상 체계 사례

제안포상은 현금 또는 상품으로 월 1회 지급한다. 포상은 제안에 따라 개별포상과 정기포상 및 특별포상을 구분한다.

1
심사결과 포상구분 (예)

구분		포 상 금
불채택		상품권
장려		20,000원
채택	미실시 제안	• 실시 전에 해당급수 포상금의 50%지급 • 실시 후 나머지 50% 지급
	실시 제안	• 해당급수 포상금의 100% 지급

2 채택 등급별 포상기준 (예)

등급	평점	포상금
1등급	96-100점	5,000,000원
2등급	91-95점	3,000,000원
3등급	81-90점	2,000,000원
4등급	71-80점	1,000,000원
5등급	66-70점	800,000원
6등급	61-65점	600,000원
7등급	56-60점	400,000원
8등급	51-55점	200,000원
9등급	45점 이하	100,000원
10등급	불채택	상품권

3 정기포상 (예)

구분	포상명	인원수	기준	포상금
월별포상	우수 제안상	1	제안 제출 1위	5,000,000원
반기별포상	최우수 제안상	1	반기 제안제출 1위	2,000,000원
	우수 제안상	1	반기 제안제출 2위	2,000,000원
	우수 부서상	1	제안 참여율 1위	2,000,000원
년 포상	최우수 제안상	1	제안 채택 1위	3,000,000원
	최다 제안상	1	제안 제출 1위	2,000,000원
	최우수 부서상	1	제안제출 1위부서	2,000,000원
	우수부서상	1	제안 채택 1위부서	2,000,000원

9단계 개선안 정착

 개선된 아이디어를 실시한 다음 그대로 방치하면 개선효과를 찾을 수 없다. 개선은 능률을 높이고 비용을 낮추며 서비스 등을 개선하기 위하여 실시함으로 실시 결과가 초기 목표와 변경되어 흐르고 있지 않는가를 확인하고 정착하여야 한다. 따라서 개선전의 상황으로 되돌아가는 재발방지를 막기 위하여 개선정보는 회사 내의 모든 관련부서를 비롯하여 협력업체까지도 공유하도록 하여야 한다.

 개선된 아이디어가 정착되어 지속적으로 개선효과를 발휘하는지에 대한 결과정착 파악은 개선전담팀이 있는 조직의 경우 개선팀에서 조사할 수 있으나 소규모 조직의 경우 아이디어 제안자 또는 아이디어 제안팀에서 지속적으로 모니터링하면서 새로운 개선안에 도전하도록 한다.

 개선 결과는 일정한 기준(예, 분기별)을 정하여 현장에서 지속적으로 유지되고 있는지 확인하고 결과를 작성한다. 만약 사후관리 상태를 확인한 결과 개선 전의 상태로 되돌아가거나 개선 유지상태가 불합리한 경우 시정조치 한다.

Chapter III

경영자를 위한 측정지표

1. 경영성과 측정지표

1 경영성과 측정지표

　기업의 현재 상황의 흐름을 파악하는 기준이 되는 것이 성과 지표이다. 성과 지표는 재무적 측면과 비 재무적 측면으로 분석하여 비교 평가 할 수 있다. 비교 대상은 전년도를 기준으로 하거나 동종업계 또는 경쟁기업 등 공개된 자료와 비공개자료를 기준으로 비교평가 하여 현재 기업의 위치를 파악하고 새로운 도전 목표를 설정하는데 중요한 기초자료가 될 수 있다. 따라서 다음의 측정 지표는 기존의 기업 평가 기준들을 정리한 것으로 새로운 도약을 위한 현재를 평가하고 기업의 근본 문제를 재검토하는 자료로 활용가능하다.

경영성과 측정지표

항목	측정항목	측정방법
재무	투자 수익률	주식시장의 투자 수익률 분석
	EVA	세후 순이익 – 투자 자본에 대한 총비용
	수익성	매출액 순 이익률, 자기자본 이익률
	성장성	매출액 증가율, 총 자산증가율
	활동성	총 자산회전율
	안전성	자기자본 비율
	주당 정보	주당 순이익, 주당 부가가치
경쟁력	경쟁적 환경	경쟁업체의 진출동향 및 대응전략
	가격 경쟁	동종업체와 서비스 가격의 우월성 비교
	가격 억제	물가상승 및 업계의 가격동향 대비 억제율 분석
	해외 시장진출	해외진출사업 분석
고객	제약점	비즈니스 산업 내 연구기업의 제약점 분석 및 대응전략 분석
	고객유지율	고객의 유지율 분포분석
	국내시장점유율	국내시장과 비교분석
	브랜드 인지도	사용자의 인지도 설문조사
	브랜드 자산	브랜드 자산의 가치평가

Chapter Ⅲ 경영자를 위한 측정지표

자원	회원수	동종업계와의 회원수 분석
	접속건수	동종업계의 접속건수 일별분석
	마케팅 판매능력	마케팅 경쟁우위 분석
	기술능력	기술 경쟁우위 분석
	재무능력	재무분석
	기업통신 능력	서칭 시간분석(동종업계와 시간분석)
	인적자원	인력구조, 신규인력 창출, 구조, 차별화
비즈니스 모델	최고경영자 자질	비정형화된 전략의 실행능력
	조직학습 능력	학습의 조직도와 유효성 분석
	독창성	동종 기업과 비교 독창성 추출
	수익 창출력	수익모델 유형
	발전단계	비즈니스 발전 단계
연구개발	핵심 사업기능	핵심 비즈니스
	고객지원	고객지원방법의 특징
	시스템	시스템의 특징
서비스품질	연구개발 능력	연구개발 자원의 특징
	신규사업	신규진출 사업 예상 수익성
	기술능력	보유기술 능력비교
마케팅	서비스 지향성	서비스 지향성 및 향후 추진방향
	고객만족도	고객만족도 분석자료 비교
	컨텐츠 품질	컨텐츠 품질 분석
	업무품질	업무 프로세스 특징 분석
	시장구조 요인	시장구조분석 후 비교
	시장외형 요인	시장외형과 수익성 비교
	시장 잠재력	잠재시장 조사 분석과 진출전략 분석
	성장률	성장률 분석
	수익률	수익성 분석
	잠재 성장률	잠재성장률 분석

* EVA : Economic value added(경제적 부가가치)

2. 경영전반의 측정지표

경영전반의 혁신효과 측정은 기업의 모든 경영활동을 종합한 것으로서 경영혁신의 각각의 활동의 결과를 경영지표와 비교하여 향상성을 측정하는 방법이다.

경영전반의 측정결과를 통하여 각각의 부문별 책임을 명확히 할 수 있도록 책임이 반영된 기업의 목표를 설정하여야 한다.

경영전반의 측정지표

	항목	산출방법	표준비율	비 고
성장성	매출액 증가율	당기매출액 / 전기매출액 X 100		
	부가가치증가율	당기부가가치액 / 전기부가가치액 X 100		부가가치 = 매출액-매출원가
	경상이익율	당기 경상이익 / 전기경상이익 X 100		경상이익=영업이익+영업외수익-영업외비용
	자기자본증가율	당기 자기자본 / 전기자기자본 X 100		
생산성	부가가치율	부가가치액 / 매출액 X 100		
	부가가치생산성	부가가치액 / 종원수 X 100		동종업계 평균과 비교하여 본다.
	노동생산성	생산량 / 직접 M/H X 100		
	자본생산성	부가가치액 / 유형고정자산액 X 100		동종업계 평균과 비교하여 본다.
	노동분배율	총인건비 / 부가가치액 X 100		
	노동장비율	유형고정자산 / 구성원수		동종업계 평균과 비교하여 본다.
수익성	경영자본이익율	영업이익 / 경영자본 X 100		
	매출 총이익율	총이익 / 매출액 X 100		
	공헌이익	공헌이익 / 매출액 X 100		
	자본회전율	매출액 / 자본 X 100		
	영업이익율	영업이익 / 매출액 X 100	20% 이상	
	자기자본 비율	자기자본 / 총자본 X 100		
	고정장기적합율	고정자산 / (자기자본+고정부채) X 100		
	경영안전율	손익분기점 매출액 / 당기매출액 X 100		

Chapter Ⅲ 경영자를 위한 측정지표

항목		산출방법	표준비율	비 고
영업	인당매출액	매출액 / 영업사원수		
안정성	당좌비율	당좌자산 / 유동부채×100	100% 이상	즉각적인 지급능력
	고정비율	고정자산 / 자기자본×100	100% 이하	자본분배의 안정성, 측정설비 고정화 측정
	부채비율	부채 / 자기자본×100	100% 이하	
	유동부채비율	유동부채 / 자기자본×100	100% 이하	자본구성의 안정성 및 재무유동성 측정
	유동비율	유동자산 / 유동부채×100	200% 이상	지급능력측정 및 신용성 측정
	고정장기적합율	고정자산 / (자기자본+고정부채)×100	100% 이하	자본분배의 안정성 및 설비고정화를 측정하는 보조비율
	공헌이익	매출액 - 변동비		
	제조원가	제조원가 / 생산량		
상품	재고율	평균재고액 / 매출액×100		
비용대비수익율	총비용 대 총수익율	총비용 / 총수익×100	95% 이하	총수익에 대한 총비용의 비율을 산출, 기업의 수익성 측정
	영업비율	영업비용 / 영업수익×100	96% 이하	기업의 영업수익성 측정
	매출원가율	매출원가 / 매출액×100	80% 이하	산출원가의 비중 측정
금융비용	금융비용 대 총비용비율	(지급이자와 할인율) / (매출원가+판매 및 일반관리비+영업외비용)×100	5% 이하	비용 중에서 금융비용의 비중측정
	금융비용 대 부채비용	지급이자와 할인율 / 부채총계×100	6% 이하	부채에 대한 금융비용의 비중측정
	차입금 평균이자율	자금이자와 할인율 / (단기차입금+장기차입금)×100	12% 이하	차입금에 대한 이자부담비율 측정
자본이익율	총자본 경상이익률	$\frac{이익}{자본} = \frac{이익}{매출액} \times \frac{매출액}{자본}$ 경상익 / 총자본×100	6% 이상	총자본에 대한 수익성 측정
	자기자본 경상이익률	경상이익 / 자기자본×100	20% 이상	자기자본에 대한 수익성 측정
	자기자본 순이익률	순이익 / 자기자본×100	15% 이상	납입자본에 대한 수익성 측정
	기업 순이익률	(지급이자+당기할인율 순이익) / 총자본 ×100	15% 이상	총자본에 대한 자본 보수율 측정

2. 경영전반의 측정지표

항목		산출방법	표준비율	비고
매출이익율	매출액 경상이익율	경상이익 / 매출액×100	5% 이상	매출액에 대한 경상이익 측정
	매출액 총이익율	매출액이익 / 매출액×100	20%이상	매출액에 대한 총이익율 측정
	영업비율 측정	일반관리비 판매비 / 순매출액×100	10% 이하	매출액에 대한 영업비의 비중 측정
자본회전율	총자본 회전율	매출액 / 총자본	준소기업 1.5회전, 대기업 2회전 이상	총자본의 이용도 측정
	경영자본 회전율	매출액 / 경영자본	중소기업 2회전, 대기업 3회전 이상	경영자본의 이용도 측정
	자기자본 회전율	매출액 / 자기자본	4회 이상	자기자본의 이용도 측정
	순운영자본 회전율	매출액 / (유동자산 - 유동부채)	클수록 좋다	운전자본의 회전속도 측정
자산부채회전율	고정자산 회전율	매출액 / 고정자산	대기업 2회, 중소기업 3회 이상	고정자산의 이용도 측정
	재고자산 회전율	매출액 / 재고자산	6회 이상	재고자산의 현금화 속도측정
	매출채권 회수율	매출액 / (외상매출금+받을어음)	12회 이상	매출채권의 결재속도 측정
	매입채무 회전율	매출액 / (지급어음+외상매입금)	12회 이상	매입채무의 지급속도 측정

Chapter Ⅲ 경영자를 위한 측정지표

🔑3 연구개발 측정지표

기술변화가 급속화되고 기업의 연구개발이 중요해짐에 따라 연구개발의 평가과정이 학습의 핵심적인 단계로서 새롭게 부각되고 있다. 또한 연구개발 활동에서 결과 중심적 접근, 사업부와의 연계 등이 강조되면서 구체적 연구개발 성과평가가 연구관리의 중요한 이슈가 되고 있다. 그러나 그동안 연구개발 성과평가는 연구 활동 자체가 불확실성을 가지는 특성으로 인하여 체계적 접근이 이루어지지 못하여 왔으며 최근에 들어 연구 성과평가 부문이 연구관리 및 기술경영분야의 도전적 연구과제가 되고 있다.

연구개발 측정지표

	항 목	산출방법	비 고
연구개발 및 설계	신제품 개발건수	신제품 개발 실적 건수	
	특허 및 상표등록	특허, 실용신안, 상표 등록 실적 건수	
	국산화율	국산화 부품 수 / 총부품수 X 100	
	제품 혁신율	3년 이내 개발된 제품 매출액/총 매출액X100	

4. 자재부문 측정지표

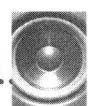

외주 및 구매부서의 성과측정 지표는 필요한 시기, 필요한 장소, 적정한 품질의 자재를 공급하고 있는가에 대한 측정지표이다. 외주의 경우 품질, 납기 역시 중요하며 이를 위하여 모기업의 기술수준에 도달할 수 있도록 기술지도, 경영지도가 필요하다.

외주·구매 성과측정지표

항 목	산출방법	비 고
납기 준수율	납기준수건수 / 납기도래건수 X 100	
부적합율	부적합건수 / 총 검사건수 X 100	
외주부적합율	부적합건수 / 검사건수 X 100	
롯트 합격율	불합격 롯트건수 / 검사롯트 수 X 100	
반품율	반품롯트수 / 입고롯트수 X 100	

Chapter III 경영자를 위한 측정지표

5
생산관리부문 측정지표

생산성(productivity)이란 기업이 경영활동을 하기 위하여 투자되는 여러 가지 생산요소가 얼마나 효율적으로 활용되었는가를 측정하는 개념이다. 기업의 경영활동의 결과인 생산량이나 매출액은 생산요소인 노동, 자본, 경영관리활동 등이 어떻게 결합하여 투입되었느냐에 따라 달라지므로, 생산요소별 생산성의 개념도 중요하다. 그러므로 생산성 측정도 생산요소별로 하고 있다. 즉, 생산량(매출액 또는 생산액)을 특정 생산요소투입량으로 나누어 구한다. 노동생산성은 생산량을 노동투입량으로 나누고, 자본생산성은 생산량을 자본투입량으로 나누어 측정한다.

그러나 최근에는 기업경영의 성과를 부가가치기준으로 측정하는 것이 일반화되어가고 있다. 그 이유는 국내·외 경제 환경의 변화로 경쟁이 치열해지면서 외형, 즉 판매 위주의 경영보다는 원가절감에 의한 경영합리화로 내실을 기하는 경영에 의해서만이 치열한 국내·외의 경제 환경에서 기업이 생존할 수 있기 때문이다.

생산관련 측정지표

항 목	산출방법	비 고
설비투자효율	당기 생산수량 / 유형고정자산 기말장부가 X 100	
공정이상발생	실제 공정에서 발생된 이상 건수	
생산목표달성율	생산실적 / 생산계획 X 100	
자동화율	자동화 요소 작업수 / 현요소 작업수 X 100	
부하율	부하시간 / 카렌다 시간 X 100	
양품율	(총생산량-공정부적합+재가공량) /총 생산량 X 100	

6. 보전관리부문 측정지표

설비보전(TPM : total productive maintenance)업무는 특정부서의 고유 업무라는 인식에서 벗어나 전 구성원이 설비의 보전 업무에 참가해 설비고장, 부적합, 재해율을 떨어뜨려 기업의 체질을 변화시키자는 기업의 혁신운동으로 1969년 도요타의 자회사인 닛폰덴소(일본전장)에서 처음 시작됐다.

과거 설비보전 업무를 하지 않던 생산부문에서도 설비보전 활동을 벌이는 자주보전 활동, 설비의 불합리나 만성적인 손실을 방지하는 개별개선 활동, 설비가 고장 나기 전에 진단 기술 등을 이용해 사전에 이를 방지하는 계획보전활동, 품질보전 활동이 있다. 또 설비를 다루지 않는 사무 간접부문으로 TPM을 확대하는 사무 간접부문 TPM과 설비초기관리 활동, 안전·환경보전 활동, TPM 교육훈련 활동 등도 이 운동의 한 부분이다.

설비보전 측정지표

항 목	산출방법	비고
고장도수율	고장정지 횟수의 합계 / 부하시간합계 X 100	
고장강도율	고장정지시간 합 / 부하시간합계 X 100	
MTBF	가동시간의 합계 / 정지횟수	평균고장간격시간
MTTR	정지시간의 합계 / 정지횟수	평균수리복구시간
설비가동성	MTBF / (MTBF+MTTR)	
예방보전달성율	예방보전실시건수 / 예방보전계획건수 X 100	

평균고장 간격(MTBF : mean time between failure)
평균 수리 시간(MTTR : mean time to repair, mean repair time)

7 안전보건부문 측정지표

산업안전보건법 제13조에서는 안전·보건관리가 기업의 생산라인과 일체적으로 운영될 것을 기대하여 사업의 여하를 불문하고 상시근로자수 100인 이상의 사업장에는 안전보건관리책임자를 두어야 하는 것을 사업주에게 의무화하여 안전관리자와 보건관리자를 지휘·감독하고 당해 사업장에서의 안전보건에 관한 업무를 총괄 관리시키도록 하고 있다.

안전보건 측정지표

항 목	산출방법	비고
천인율	(사상자 수 / 근로자 수) X 1,000	노동재해발생율
도수율	(재해건수 / 근로시간수) X 1,000,000시간	≒ 빈도율
강도율	(근로손실일수 / 근로시간수) X 1,000	노동능력의 손실
재해율	재해건수 / 근로자수 X 100	노동능력의 손실
종합재해지수	$\sqrt{도수율 \times 강도율}$	기업의 위험도 비교시 사용

8. 납기관리 측정지표

8 납기관리 측정지표

납기는 생산 활동에 있어서 중요한 관리도구이다. 하나의 품목 납기지연에 따라 공정 전체가 멈출 수 있는 위험성이 있다. 따라서 기업에서는 납기 관리 체크 리스트를 작성하여 납기를 철저히 관리 하여 공정에 차질이 없도록 사전에 예방하여야 한다. 납기를 관리할 수 있는 도구들은 다음의 표와 같다.

납기관리 도구들

관리 체크 항목	눈으로 보는 관리도구
일정계획이 세워져 있는가?	생산관리판 / 일정관리판 / 작업진도관리표
일정계획보다 앞서 나가고 있지 않는가?	
일정계획보다 늦어지고 있지 않는가?	
현재의 생산실적이 쉽게 파악될 수 있도록 되어 있는가?	진도그래프 / 작업진도관리표
표준계획에 대한 현재의 진도상황이 파악될 수 있도록 중복되어 있는가?	전광판표시판 / 작업진도관리표
공수계획(부하계획)은 세워져 있는가? 여력이 파악되어 있는가?	부하계획표 / 부하산적표
작업지시가 정확히 실행되고 있는가?	일정관리 / 인원배치/작업지시 / 칸반
작업하는 순서가 정해져 있는가?	
수주선의 납기에 대해 지연되고 있지 않는가?	납기관리판 / 진도관리상자
수주선에 대해 언제 출하되는가?	
발주선이 납기대로 납품하고 있는가? 지연되고 있지는 않는가? 조기 납품은 없는가?	납기관리판 / 미납리스트 / 납기촉진리스트 / 납품시간관리판 / 간판
발주선의 납품일은 언제인가?	
결품상황이 파악될 수 있도록 되어 있는가?	

Chapter Ⅲ 경영자를 위한 측정지표

9
눈으로 보는 관리체크 항목

　도요다의 자동화는 부적합품의 발생을 자동적으로 감시하고, 이상이 발견되면 현장의 작업자가 생산라인의 천정에 달려 있는 라인정지 줄을 당겨 라인을 누구나 정지시킬 수 있고 라인이 정지되면 최우선적으로 발생된 문제를 해결함으로써 부적합품의 발생을 자주적으로 관리하는 품질보증활동이다. 이를 위해 안돈(신호등), 호출등을 이용하여 눈으로 보는 관리를 실시하고 있다.

　일반적으로 모든 공장에서 널리 사용되는 현장관리 기법이지만 TPS추진을 위한 가장 기초적인 활동이다. 특히 서비스 기업에서의 눈으로 보는 관리는 더욱 중요하다. 변동이 심한 현장의 다양한 문제점을 즉각적으로 파악하고 대응할 수 있도록 하며, 현재보다는 체계적이고 목표 지향적으로 변화되어야 한다. 눈으로 보는 관리의 도구로서 생산(지시, 인수, 공급)간판, 생산관리 진도관리판, 전광 표지판, 부적합샘플, 부적합률 그래프, 근태관리표, 설비점검표, 설비간판 등이 있다.

　사무부문에서도 시각적 관리 시스템을 도입할 수 있다. 예를 들면 문서 보관함의 정돈 상태 등이 있다.

9. 눈으로 보는 관리체크 항목

눈으로 보는 관리체크 시트

분류	NO	체크항목	양부	불합리한 내용
구획 표시 표식	1	치공구, 금형, 대차의 놓는 장소가 정해져 표시되었는가?		
	2	부품, 재공품, 완성품 놓는 장소가 정해져 있는가?		
	3	부적합품, 보류품의 놓는 장소가 정해져 표시되어 있는가?		
	4	빈상자, 로트상자 놓는 장소가 정해지고 표시되어 있는가?		
	5	조립라인, 기계 등의 번호가 정해져 표시되어 있는가?		
	6	조립라인, 기계 담당자가 정해져 표시되어 있는가?		
정리 정돈	7	치공구, 금형, 대차는 정해진 장소에 놓여 있는가?		
	8	부품, 재공품, 완성품은 정해진 장소에 놓여 있는가?		
	9	부적합품, 보류품은 정해진 장소에 놓여 있는가?		
	10	빈상자, 로트상자는 정해진 장소에 놓여 있는가?		
	11	불요품, 불금품이 방치되어 있지 않는가?		
작업 표준의 게시	12	조립라인 작업자의 작업표준이 정해져 게시되어 있는가?		
	13	운전작업자의 작업표준이 정해져 게시되어 있는가?		
	14	준비교체 작업자의 작업표준이 정해져 게시되어 있는가?		
	15	검사 작업자의 표준은 정해져 있는가?		
생산 상황의 표시	16	조립라인의 기계정지의 이유와 복귀시간이 표시되어 있는가?		
	17	조립라인, 기계의 가동상태는 표시되어 있는가?		
	18	부적합품은 언제까지 누가 어떠한 처치를 하는지 표시되어 있는가?		
	19	생산진도 상황이 표시되어 있는가?		
현장관리 지표의 표시	20	라인효율, 기계가동률의 목표와 실적의 추이가 게시되어 있는가?		
	21	준비교체 시간의 목표와 실적의 추이가 게시되어 있는가?		
	22	생산량의 예정과 실적 추이가 게시되어 있는가?		

10
팀 구축 측정 체크항목

　경영혁신을 추진할 분임조를 편성을 위하여 다음과 같은 방법으로 팀을 구축하면 효율적이다. 팀 구축은 직원들 내에서 협조가 잘되는 직원들끼리의 모임, 또는 자발적인 모임을 만들도록 유도한다. 특히 우리나라의 정서와 문화에서는 분임조 활동이 잘 이루어 지지 못한다. 이는 혼자서는 유능한 능력을 발휘하지만 함께하는 데는 인색하기 때문이다. 따라서 웹 사이트 상에 분임조를 만들어 자신의 의사를 수시로 많은 표현을 하도록 하는 것도 효과적이다. 팀에는 리더가 있어야 하며 리더는 팀의 방향과 목적을 이해하고 팀원들의 참여를 유도해야 하며 팀장이 혼자 주도적으로 이끌어 나가면 팀원의 이탈이 생길 수 있다. 특히 팀 리더가 상위 직급자라면 팀을 리드하기는 유리하지만 하급자인 팀원의 의견을 듣기는 어렵다. 따라서 팀 구축과 직급과는 무관하게 팀을 만들어야 한다. 팀 리더는 하급자가 맡고 상급자는 팀원으로서 적극적인 지원방법도 좋다. 팀 구축을 위한 체크리스트는 다음의 표와 같다.

10. 경영전반의 측정지표

팀 구축 체크리스트

요 인	점 수				
① 산출물의 손실이 발생하고 있다.	1	2	3	4	5
② 고충 또는 불만이 발생하고 있다.	1	2	3	4	5
③ 갈등 또는 적대감이 있다.	1	2	3	4	5
④ 불명확한 관계와 혼란이 있다.	1	2	3	4	5
⑤ 목표를 달성하고자 하는 의지가 적다.	1	2	3	4	5
⑥ 무관심과 참여의식이 낮다.	1	2	3	4	5
⑦ 혁신이 낮다.	1	2	3	4	5
⑧ 비효율적인 회의가 많다.	1	2	3	4	5
⑨ 문제점이 발생하고 있다.	1	2	3	4	5
⑩ 커뮤니케이션이 원활하지 못하다.	1	2	3	4	5
⑪ 서로가 신뢰성이 부족하다.	1	2	3	4	5
⑫ 의사결정을 이해하지 못하고 있다.	1	2	3	4	5
⑬ 성과에 대한 보상에 불만이 있다.	1	2	3	4	5
⑭ 서로가 협력이 부족하다.	1	2	3	4	5

Chapter III 경영자를 위한 측정지표

11 개선효과 체크항목

경영혁신을 추진하면서 단일 프로젝트 개선 결과 보고서에는 많은 절감효율을 낳았지만 경영전반의 실적은 변화가 없는 경우가 있다. 이는 개선결과를 너무 이상적으로 평가하였기 때문이다. 따라서 경영자는 종합적인 경영실적을 평가할 필요가 있다. 경영전반의 실적 평가 방법으로 다음의 표를 이용할 수 있다.

개선효과 금액의 검증방법 비교

구분			활용자료	대상품질비용	검증시점/방법
재무제표에 의한 방법	대차대조표		대손충당금	- 영업손실비	- 회기마감 / 차이비교
		재고자산	상품	- 재고금액	- 회기마감/차이비교
			제품		
			부품		
			재공품		
			저장품		
	손익계산서 / 제조원가 명세서		경상개발비	- 수정비	- 회기마감 / 차이비교
			수선비	- 고장수리비	- 회기마감 / 차이비교
			교육훈련비	- 교육훈련비	- 회기마감 / 차이비교
			감가상각비	- 계측장비구입비	- 회기마감 / 차이비교
ERP회계시스템에 의한 방법			원가계정과목별 Plan Cost와 Actual Cost 차이	- 차이비용 중 절감금액	Data 발생시점 / GAP (Plan-Actual Cost) 분석에 의해 절감비용비교
성과지표에 의한 방법			부적합률(부적합품수)	- 부적합품발생비용	지표관리주기 / 차이비교
			스크랩률(스크랩량)	- 원재료손실비용	지표관리주기 / 차이비교
			재작업률(재작업시간)	- 재작업발생비	지표관리주기 / 차이비교
			폐기량	- 폐기처리비	지표관리주기 / 차이비교
			수율	- 손실제조비	지표관리주기 / 차이비교
			무작업률(무작업시간)	- 무작업손실비	지표관리주기 / 차이비교
			잔업 / 특근시간	- 추가작업/특근비	지표관리주기 / 차이비교
BOM에 의한 방법			부품명 및 단가	- 시방변경손실비 - 시방변경절감비	부품변경 및 단가변경 적용시점 / 차이비교

출처 : 송재근(2006), Q-COST & COPQ.　　*BOM : Bill of Material (자재명세표)

11. 개선효과 체크항목

원가계산서를 분석하여 원가의 근본 문제점이 무엇인지를 추적할 수 있다. 원가계산에서 매출액은 제품과 상품으로 분류하며, 제품은 제조된 제품을 판매한 금액을 말하며 상품은 유상 A/S 등을 통하여 판매된 부품비용 등이다.

직접비에서 재료비는 생산에 투입된 자재비용이며, 노무비는 생산에 직접 투입된 M/H로서 생산직의 인건비 이며, 직접경비는 외주비용, 외주업체 인건비 등 제품 생산에 투입된 외주 비용 등이다.

간접비의 인건비는 사무직, 생산을 지원하는 직원의 인건비 등이 부문비이며, 공통비는 본사의 관리직 인건비, 최고경영자 인건비 등 회사에서 발생하는 공통비용이다. 부문비의 경비는 생산을 지원하는데 투자된 비용이며, 공통비는 기업의 공통으로 발생된 비용 즉, 공통 인건비 외에 지출된 경비이다. 부문비의 감가상각비는 공장과 본사가 분리되어 있는 경우 공장의 자산에 대한 상각비용이며, 공통비는 본사의 자산에 대한 상각비이다.

상품원가는 A/S를 하기 위하여 구입한 자재비용이며, 일반관리비는 영업을 하기 위하여 발생되는 비용으로 인건비의 부문비는 영업직의 인건비 이며, 공통비는 영업을 지원하는 인원의 인건비이다. 일반관리비의 경비의 부문비는 영업에 필요한 경비이며, 공통경비는 영업을 지원하는데 필요한 경비이다.

영업외 수익은 영업을 하지 않아도 수입된 수입으로 할부매출의 경우 할부매출이자가 대표적이다. 또한 잡수익은 영업외 수입으로 고철매각대금, 노후장비매각대금 등이다. 영업외 비용으로 운전자금이자는 은행 등에서 운전자금을 대출받았을 경우 발생하는 이자비용이며, 시설자금이자는 시설투자를 하기 위하여 차용한 자금의 이자비용과 리스료는 리스로 시설을 구매하였을 시 발생된 비용 등이다. 손익계산서 작성 방법은 다음의 표와 같다.

Chapter Ⅲ 경영자를 위한 측정지표

원가계산 작성방법
- 매출액 = 제품 + 상품
- 직접비 = 재료비 + 노무비 + 경비
- 간접비 = 인건비 + 경비 + 감가상각비
- 상품원가 = A/S용 자재구입원가
- 일관관리비 = 인건비 + 경비
- 영업외 수익 = 할부매출이자 + 잡수익
- 영업외비용 = 운전자금이자 + 시설자금이자 + 리스료 + 기타
- 총원가 = 직접비 + 간접비 + 상품원가 + 일반관리비 - 영업외수익 + 영업외비용
- 손익 = 매출액 - 총원가
- 비율 = 비용 / 매출액 * 100%

11. 개선효과 체크항목

원가계산 양식

구분		계획	비율	실적	비율	비고
매 출 액 (1)			100%		100%	- 판매된 금액
	- 제품					- 제품 및 서비스 판매금액
	- 상품					- 부품 판매금액 (A/S금액)
직접비	- 재료비					- 생산에 직접 투입된 인원의 인건비
	- 노무비					- 생산을 지원하는 인원의 인건비
	- 경 비					- 생산을 위하여 투입된 비용
소 계 (2)						
간접경비	- 인건비					- 관리직의 인건비
	• 부문비					• 공장내에서 발생하는 비용
	• 공통비					• 공장외에서 발생하는 비용
	- 경 비					- 관리부문에서의 발생비율
	• 부문비					• 공장내에서 발생하는 비용
	• 공통비					• 공장외에서 발생하는 비용
	- 감가상각비					
	• 부문비					
	• 공통비					
소 계 (3)						
상품원가(4)						- 부품구매원가 (A/S용 부품)
일반관리비	- 인건비					
	• 부문비					- 판매활동 인원의 인건비
	• 공통비					- 직접 영업활동에 참여하는 인건비
	- 경 비					- 영업을 지원하는 인원의 인건비
	• 부문비					- 영업부문에서 발생경비
	• 공통비					
소 계 (5)						
영업외수익	- 할부매출이자					- 할부 판매 이자수익
	- 잡 수 익					- 고정매각 등 판매활동이외 수익
소계(6)						
영업외비용	- 운전자금이자					
	- 시설자금이자					총수입금액 - 총발생금액 = 과부족
	- 리 스 료					- 시설투자에 투입된 자금의 이자
	- 기 타					
소계(7)						
총 원 가 (8)						8 = 2 + 3 + 4 + 5 - 6 + 7
총 손 익 (9)						9 = 1 - 8

Chapter III 경영자를 위한 측정지표

12
서비스 품목 체크항목

　서비스 품질의 정의는 탁월성, 표준의 적합성, 고객기대 충족 등 다양하게 나타낼 수 있다. 공공분야의 품질은 서비스 산업의 품질 특성을 보인다. 서비스 품질은 무형성·이형성·비분리성·소멸성 등의 특성을 갖는다.
　서비스품질을 구성하는 특성요인을 요약하면, 신뢰성(Reliability)은 약속한 서비스를 정확하게 수행할 수 있는 능력, 확신성(Assurance)은 고객에게 확신감을 주는 제반 안전교육, 직원의 예절 및 신용, 유형성(Tangibles)은 눈에 보이는 시설, 장비, 복장 등이다. 공감성(Empathy)은 고객에게 개별적으로 기울이는 주의 배려이며, 대응성(Responsiveness)은 신속하고 자발적으로 응대하려는 마음가짐이다. 이는 서비스 상품의 품질을 검사하는 유용한 기준이 된다. 이 기준은 호텔, 병원, 교육 등 서비스업의 품질 측정하는데 사용될 수 있다 (강병서, 2000 / 박영배 외, 2004).

서비스 품질 측정도구

1. 유형성

항 목	전혀 동의 못함　보통　매우 동의
1. 우리 회사는 최신의 시설을 갖추고 있다.	1-----2-----3-----4-----5
2. 우리 회사의 시설 (인테리어)은 시각적으로 마음에 든다.	1-----2-----3-----4-----5
3. 우리 회사의 직원의 복장은 단정하다.	1-----2-----3-----4-----5
4. 우리 회사의 실내분위기와 조명은 우수하다.	1-----2-----3-----4-----5

12. 서비스품목 체크항목

2. 신뢰성

항 목	전혀 동의 못함 보통 매우 동의
5. 우리 회사의 직원들은 정해진 기일 내 업무 처리를 한다.	1-----2-----3-----4-----5
6. 우리 회사는 고객이 문제를 제기 할 때 심적으로 동조한다.	1-----2-----3-----4-----5
7. 고객이 우리 회사의 직원을 신뢰한다.	1-----2-----3-----4-----5
8. 우리 회사는 고객과 약속한 시간에 일을 처리를 한다.	1-----2-----3-----4-----5

3. 응답성

항 목	전혀 동의 못함 보통 매우 동의
9. 우리 회사는 고객의 요구나 문의에 즉시 대답하여 준다.	1-----2-----3-----4-----5
10. 우리 회사는 고객의 불평을 적극적으로 수용한다.	1-----2-----3-----4-----5
11. 우리 회사는 전화 응대 시 신속하게 수신하고 인사, 응대 태도에 적극적이다.	1-----2-----3-----4-----5

4. 능력

항 목	전혀 동의 못함 보통 매우 동의
12. 우리 회사는 고객의 문의에 전문지식과 정보로 대응하여 준다.	1-----2-----3-----4-----5
13. 우리 회사는 고객이 생각하기 전에 먼저 제안하는 능력을 가지고 있다.	1-----2-----3-----4-----5
14. 우리 회사는 고객이 무엇을 원하는지 알 수 있다.	1-----2-----3-----4-----5

Chapter III 경영자를 위한 측정지표

5. 예절

항 목	전혀 동의 못함 보통 매우 동의
15. 우리 회사는 예절바르고 친절하다.	1-----2-----3-----4-----5
16. 우리 회사는 친절한 편이나 사무적이고 형식적인 응대가 많다.	1-----2-----3-----4-----5
17. 우리 회사는 고객에게 정중하다.	1-----2-----3-----4-----5

6. 신용도

항 목	전혀 동의 못함 보통 매우 동의
18. 우리 회사는 외모와 태도가 고객에게 신뢰성을 주고 있다.	1-----2-----3-----4-----5
19. 우리 회사의 직원들의 말씨는 또렷하며 고객에게 믿음을 주고 있다.	1-----2-----3-----4-----5
20. 우리 회사의 직원은 전화 상담 시 전문성과 자료의 정확성을 주고 있다.	1-----2-----3-----4-----5

7. 안정성

항 목	전혀 동의 못함 보통 매우 동의
21. 우리 회사 직원의 업무처리는 고객이 의심하지 않고 신뢰한다.	1-----2-----3-----4-----5
22. 우리 회사의 직원은 고객에게 강요하거나 강압적이다.	1-----2-----3-----4-----5
23. 우리 회사의 직원은 고객에게 필요 이상의 자료 및 업무처리 요구를 하지 않는다.	1-----2-----3-----4-----5

12. 서비스품목 체크항목

8. 접근가능성

항 목	전혀 동의 못함　보통　　매우 동의
24. 우리 회사의 위치는 고객이 쉽게 찾을 수 있도록 배치되어 있다.	1-----2-----3-----4-----5
25. 우리 회사 건물의 주차시설은 잘 되어 있다.	1-----2-----3-----4-----5
26. 우리 회사 건물의 편의시설은 고객이 편리도록 되어있다.	1-----2-----3-----4-----5

9. 의사소통

항 목	전혀 동의 못함　보통　　매우 동의
27. 우리 회사의 직원은 고객에게 쉬운 용어로 이해하기 쉽게, 적당한 속도로 설명한다.	1-----2-----3-----4-----5
28. 우리 회사의 직원은 문의 내용에 전문적이고 고객의 입장에서 상세하게 답변한다.	1-----2-----3-----4-----5
29. 우리 회사의 직원은 고객의 요청이 없어도 고객에게 관심을 가지고 있다.	1-----2-----3-----4-----5

10. 고객이해

항 목	전혀 동의 못함　보통　　매우 동의
30. 우리 회사직원은 자주 찾아오는 고객을 기억해주고 환대하여 준다.	1-----2-----3-----4-----5
31. 우리 회사 직원은 고객의 의문사항에 대하여 명쾌한 답변을 주려고 연구한다.	1-----2-----3-----4-----5
32. 우리 회사 직원은 고객을 기꺼이 도와줄 자세가 되어 있다.	1-----2-----3-----4-----5

Chapter Ⅲ 경영자를 위한 측정지표

11. 서비스 운영

항 목	전혀 동의 못함　보통　　매우 동의
33. 우리 회사 직원은 업무절차를 따르고 있다.	1-----2-----3-----4-----5
34. 우리 회사 직원은 문제의 정의를 고객초점에서 출발한다고 생각한다.	1-----2-----3-----4-----5
35. 우리 회사 직원은 고객을 위해서 일하고 있다.	1-----2-----3-----4-----5
36. 우리 회사 직원의 업무는 순조롭게 진행되고 있다	1-----2-----3-----4-----5
37. 우리 회사 직원의 주요 업무 활동은 잘 관리되고 있다	1-----2-----3-----4-----5

12. 고객만족

항 목	전혀 동의못함　보통　　매우 동의
38. 고객들은 우리 회사의 서비스는 신뢰성 있다고 생각한다.	1-----2-----3-----4-----5
39. 고객들은 우리 회사의 서비스는 정확하다고 생각한다.	1-----2-----3-----4-----5
40. 고객들은 우리 회사의 서비스는 신속하다고 생각한다.	1-----2-----3-----4-----5
41. 우리 회사는 고객들로부터 존경과 신뢰를 받는다.	1-----2-----3-----4-----5

13. 서비스 유연성 측정항목

📎13 서비스 유연성 측정항목

 유연성을 직접적으로 측정하기란 어렵기 때문에 유연성 자체보다는 그것을 달성하기 위한 결정요인이나 달성결과를 측정하는 경향이 있다. 결정요인은 유연성에 기여하는 운영적 측면들이다. 유연성을 제공하는 결과나 제공에 실패한 결과 역시 측정할 수 있다. 고객들로부터 얻은 정성적 자료는 운영이 얼마나 유연하게 이루어지는지를 나타내는 지표로 이용될 수 있다(린 피츠제럴드 외, 권수영·박종원 옮김, 2000).

서비스의 유연성 측정 항목

유형	성과지표
양	- 수요를 충족시키지 못해 놓친 고객이나 주문 수 - 이용 가능한 서비스의 비율 - 이용 가능한 직원의 혼합(비상근 직원의 비율, 임시직원의 비율 등) - 서비스 환경의 혼잡도에 따른 고객 만족도
전달속도	- 하루 중 바쁜 업무에 할당된 시간비율(스케줄상의 여유시간) - 비상시를 위해 할당된 서비스 시설의 비율(예, 병원의 병상비율) - 반응속도 - 고객 / 문의 / 업무처리속도 - 고객의 대기시간 - 서비스의 빈도(예, 열차여행) - 지연된 전달비율 - 전달지연으로 인해 놓친 주문 수 - 전달속도와 반응에 대한 고객 만족도
세부내용	- 제고된 상이한 제품과 서비스 수 - 직원의 기술혼합 - 기간당 직원훈련일 수 - 훈련과 모집에 대한 투자수준 - 세부내용을 수용하지 못해 놓친 고객과 주문 수 - 특별한 요구사항을 충족시키는 서비스 적응력에 대한 고객 만족도 - 제품과 서비스범위에 대한 고객 만족도

출처 : 린 피츠제럴드 외, 권수영·박종원 옮김(2000), 서비스경영의 성과측정.

Chapter III 경영자를 위한 측정지표

14 경영혁신의 측정

경영혁신의 측정은 회사의 경영혁신의 성과 자체와 경영혁신 수행결과를 측정할 수 있다. 또한 회사는 혁신과정에서 성공과 실패의 결정요인을 알아야 하고 혁신과정을 관리하기 위한 측정도구를 채택하여야 한다(린 피츠제럴드 외, 권수영·박종원 옮김, 2000).

경영혁신 성공을 측정하는 차원

유형	성과지표
재무적 성과	경영혁신이 재무적 성과를 개선시키는가?
경쟁정도	경영혁신이 회사를 보다 경쟁적으로 만드는가?
품질	경영혁신이 품질 및 프로세스를 개선시키는가?
유연성	기업 능력의 유연성을 증진 시키는가?
자원 활용	자원 활용이 개선되고 있는가?

출처 : 린 피츠제럴드 외, 권수영·박종원 옮김(2000), 서비스경영의 성과측정.

경영혁신 결과 측정도구

항목	측정치
재무적 측정치	- 전반적인 수익성을 초과 달성하였는가? - 실질적으로 기업의 비용을 낮추는가? - 예상비용 이하로 달성하는가? - 기업에 있어서 중요한 원가효율을 달성하는가?
경쟁적 측정치	- 시장점유율 목표를 초과 하는가? - 매출/고객사용 수준 목표를 초과하는가? - 매출/고객사용 성장 목표를 초과하는가? - 상대적으로 높은 시장점유율을 달성하는가? - 회사 이미지/평판에 긍정적인 영향을 미치는가? - 다른 제품 혹은 서비스 매출/고객의 사용을 확장하는가?
품질 측정치	- 경쟁자보다 산출물이 우수한가? - 경영자 보다 서비스 경험이 우수한가?

14. 경영혁신의 측정

	- 경쟁자 보다 우수하다고 생각되는 독특한 효익이 있는가? - 더 신뢰성이 큰가? - 더 빠르게 반응하는가? - 사용자가 보다 손쉽게 이용할 수 있는가?

출처 : 린 피츠제럴드 외, 권수영·박종원 옮김 (2000), 서비스경영의 성과측정.

경영혁신 과정에서 성공의 결정요인

결정요인	사례
시장에 대한 관심	- 분명하게 확인된 고객의 요구를 만족시켰는가? - 중요한 고객의 문제를 해결했는가? - 고객의 요구변화에 반응했는가? - 현행시장을 확장했는가? - 고성장시장을 확장했는가? - 고객의 가치/운영시스템과 일치했는가?
개발과정	- 효율적인 개발 작업 - 짧은 개발 시기 - 자원의 이용가능성 - 다른 기능과 내부적으로 원활한 의사소통 - 기업 밖의 원활한 의사소통 - 구성원의 참여도 - 자사의 일선직원을 통해 새로운 서비스에 대한 시장조사를 수행 - 출시 전의 완전한 테스트 - 출시 후의 공식적인 평가 - 혁신개발기간 동안 프로젝트에 대한 우수한 인적 자원 - 상품화 기간 동안 프로젝트에 대한 인적자원
전략과 경영마인드	- 위험감수 - 추종보다는 혁신전략 - 마케팅 연구능력 및 자원과의 적합도 - 판매촉진 능력과 자원과의 적합도 - 기업의 핵심서비스 - 기업의 재무적 자원과의 적합도 - 현 서비스전달시스템과의 적합도 - 전문적/인적 자원 능력과의 적합도 - 경영관리기술과 선호도와의 적합도 - 후방사무소시설/과정과의 적합도

출처 : 린 피츠제럴드 외, 권수영·박종원 옮김 (2000), 서비스경영의 성과측정.

Chapter Ⅲ 경영자를 위한 측정지표

🔑 15
원가절감 중점 부문

원가절감 추진을 하기 위하여 우선 구성원이 원가의 개념과, 원가절감의 필요성과 원가절감을 하게 되면 기업이나 구성원에게 어떤 효과가 올 것인가를 명확히 하여주고 다음의 표와 같이 기업의 중점 개선부문을 설정하여 원가절감의 주요 초점을 확립하여 본다.

원가절감 중점부문

1. 설계상의 문제

점검사항
- 사용목적을 초과하는 성질이나 강도로 설계되고 있지 않은가?
- 공통부문의 부품도를 자주 변경하기 때문에 제작이나 수리에 혼란과 낭비를 발생시키고 있는 곳은 없는가?
- 설계자에게 공작법의 지식이 없기 때문에 가공하기 어려운 형태의 부품은 없는가?
- 불필요한 가공을 설정함으로서 공수, 비용을 증가시키는 설계는 없는가?
- 유사한 부품을 제품이 다르다고 그때마다 반복계산하고 있는 경우는 없는가?
- 공통부품은 가능한 한 계열화해서 구조, 규격, 재질 등을 표준화하고 있는가?

15. 원가절감 중점 부문

2. 자재관리상의 문제

점검사항

- 자재를 상비품과 비상비품으로 구분하고 있으며, 그 구분 방법은 타당한가?
- 상비품의 보충시기 및 관리는 잘 되고 있는가?
- 구매청구서가 전달되고 이동간의 시간은 길지 않는가?
- 본사구매와 사무소구매가 명백히 구분되어 있는가?
- 사내 견적과 현저히 다른 계약은 없는가?
- 이전의 구입가격, 타사의 구매가격, 일반시장가격으로 보아 부당한 계약조건은 아닌가?
- 납기의 결정이 합리적인가?
- 정규의 불출전표로서 출고되고 있는가?
- 출고전표 없이 출고되고 있지는 않은가?
- 현장의 미사용 재료는 회수되고 있는가?
- 현장 발생 스크랩(Scrap)은 즉시 회수되고 있는가?
- 창고에서 출고시간을 제한하여 출고가 지연되고 있는가?
- 자재원단위는 설정되어 있는가?

3. 품질관리 상의 문제

점검사항

- QC활동은 자율적이며 최고경영층의 이해는 충분한가?
- QC기능을 할당할 조직은 되어 있는가?
- QC에 대하여 교육을 시키고 있는가?
- 검사부문이 독립되어 있는가?
- 사내표준화와 규격화가 도입 설정되어 활용되고 있는가?
- QC데이터가 수집되고 있는가?
- 검사는 실시되고 있는가?
- 품질수준은 파악되고 있으며 어느 수준인가?

Chapter III 경영자를 위한 측정지표

4. 공정관리상의 문제

점검사항
– 공정관리를 위한 조직과 제도는 정비되어 있는가?
– 중점 생산 품목은 어느 것인가?
– 로트생산인가? 그 로트는 적합한가?
– 원재료공급지연으로 유휴시간이 발생되고 있는가?
– 납기에 쫓기는 제품은 없는가?
– 생산이 매월 크게 변동됨으로서 기계나 인력의 낭비는 없는가?
– 이동경로는 단순화되어 있는가?
– 일정관리의 방법은 적절한가?
– 작업자의 공수파악은 되어 있는가?
– 각 공정에 대한 표준작업방법과 시간이 설정되어 활용되고 있는가?
– 작업방법의 변경은 어떤 절차에 의하는가?
– 작업방법의 개선을 위한 조치가 되어 있는가?
– 작업동작의 개선을 위하여 항상 연구검토 되고 있는가?
– 지각율, 결근율은 몇 %나 되며 이들이 파악되고 있는가?
– 공수원단위는 설정되어 있고 이를 적용하고 있는가?
– 전기, 수도 등 불필요한 소비는 없는가?
– 잔업이 있다면 그 발생원인은 무엇이고 발생률은 얼마나 되는가?
– 생산계획을 수립할 때 잔업의 필요성이 잘 검토되어 있는가?

15. 원가절감 중점 부문

5. 운반관리상의 문제

점검사항
- 운반방법은 적절한가?
- 운반용기를 쓰지 않고 계속 운반을 할 수 없는가?
- 운반경로가 겹쳐 있는 것은 없는가?
- 재료를 두는 곳과 작업장 거리를 좁힐 수는 없는가?
- 통로는 적절한가?
- 부품 조립라인이 본 조직라인에 들어와 있는가?
- 창고위치는 적당한가?
- 통로에 물건을 쌓아 둔 곳은 없는가?
- 운반기기는 효과적으로 가동되고 있는가?
- 고임금의 숙련공이 물품 운반을 하고 있는 곳은 없는가?
- 운반기기의 감가상각 기간은 얼마인가?
- 운반하는 일을 좀 더 줄일 수는 없는가?
- 생산라인에 따라 재 운반을 하고 있는 곳은 없는가?
- 1회 운반으로 가능한 것을 몇 번에 걸쳐 운반하는 일은 없는가?

6. 비용의 문제

점검사항
- 기계설비의 종류, 능력, 대수는 적당한가?
- 기계설비의 배치는 공정에 대하여 적당한가?
- 기계설비의 보전체제가 설정되어 있으며 잘 운영되고 있는가?
- 설비의 가동현황이 파악되고 있으며 얼마나 되는가?
- 작업자는 사용설비에 대한 지식이 잘 되어 있는가?
- 설비는 항상 깨끗이 정비되어 있는가?
- 설비는 자주 정지되는 일이 없는가?
- 현재 설비는 노후화 되어 있지는 않는가?
- 자동화설비는 경제적인가?
- 공구는 항상 정돈되어 있는가?
- 공구는 손실 등에 대하여 어떤 조치를 청구하고 있는가?
- 공구의 설계는 적당 한가?
- 공구의 사용기간은 정해져 있는가?

Chapter III 경영자를 위한 측정지표

7. Utility 문제

점검사항
- 기계별 전력용량 및 사용실적이 기록되고 있는가? - 기계별 고장실적을 분석하고 있는가? - 기계별 노후도를 분석하고 있는가? - 제품별 전력 표준원단위가 설정 되어 있는가? - 제품별 연료 표준원단위가 설정되어 있는가? - 제품별 용수의 표준원단위가 설정되어 있는가? - 에너지 소비가 체크되고 있는가? - 폐열이 이용되고 있는가? - 폐수가 이용되고 있는가? - 보온상태를 점검하고 있는가? - 배수상태를 점검하고 있는가? - 열효율을 측정하고 있는가?

8. 단가문제

점검사항
- Peak Time을 고려한 경제성 검토와 생산일정계획을 수립하고 있는가? - 전력사용 시간대별 단위분석을 실시하고 있는가? - 경제성 검토를 통한 연료의 대체가능성이 검토되어 있는가? - 구매처리(시장조사, 구매처 고과분석)를 통한 최적의 구매단가, 구매 시기, 거래처를 결정하고 있는가?

9. 수리수선비 문제

점검사항
- 수선시기와 수선방법(자가, 외주)의 경제성을 검토하고 있는가? - 예비점검을 실시하고 있는가? - 설비개체의 경제성을 검토하고 있는가?

10. 세금과 공과금 문제

점검사항
- 조세의 추가부담(가산세, 가산금, 벌금 등)을 검토하고 있는가? - 불필요한 공과금의 지출을 검토하고 있는가?

15. 원가절감 중점 부문

11. 운반비 문제

점검사항
- 운반수단 (납품 등)의 경제성을 검토하고 있는가?
- 자기차량인 경우에 적절한 운반용구의 선정이 되고 있는가?
- 용차 (임대차량)인 경우 용차조건을 충분히 검토하고 있는가?

12. 차량유지비 문제

점검사항
- 승용차 대수는 적절한가?
- 차량운행관리는 실시하고 있는가?

13. 인건비 문제

점검사항
- 업무분담을 설정하고 있는가?
- 잔업의 경제성을 검토하고 있는가?
- 직무분석을 통한 적정인력을 산정하고 있는가?
- 조직상의 인력은 적정한가?
- 작업량에 비하여 사무원의 균형이 맞는가?
- 장부 및 전표 등의 제도는 표준화되어 있는가?
- 사무자동화는 되어 있는가?
- 조직구조와 경영활동은 합치되는가?
- 보고사무절차는 문서화되어 있는가?
- 보고사무절차는 단순화 되어 있는가?
- 명령계통과 보고계통은 통일되어 있는가?
- 부문간, 동 직위 간에 상호협조는 잘 되어있는가?
- 각종 위원회 구성은 적당한가?
- 각종 위원회의 결정 사항은 경영에 반영되는가?
- 판매원의 능력에 상응할 할당으로 책임제가 되어있는가?
- 판매력은 생산력을 상회하고 있는가?
- 판매목표 달성에 대한 자극 (보상)은 되어있는가?
- 판매일지를 항상 파악하여 철저한 지도가 이루어지고 있는가?
- 판매망은 확립되어 있고 그 분포는 적당한가?

Chapter III 경영자를 위한 측정지표

14. 접대비 문제

점검사항
- 판매비지출효과를 파악하고 있는가?
- 판촉을 효과적으로 실시하기 위한 자료정비는 되어 있는가?

15. 광고선전비 문제

점검사항
- 광고 선전비의 산출기준은 설정되어 있는가?
- 광고 선전비의 결정을 경기변동의 예측에 따라 하고 있는가?
- 수요기와 광고의 관계를 고려하고 있는가?
- 광고예산 통제를 실시하고 있는가?
- 경쟁동업관계와 관계없이 자체의 필요성에 따라 실시하는가?
- 판매 당 광고비를 설정하고 있는가?
- 광고 선전의 효과를 파악하고 있는가?
- 현재의 광고 매체는 적당한가?

16. 지급이자와 할인료 문제

점검사항
- 자금계획은 수립되어 있으며 잘 되어 있는가?
- 자기자본비율은 적당한가?
- 매출채권회전기간은 적당한가?
- 거래처별 ABC 분석은 하고 있는가?
- 거래처에 대한 신용상태를 충분히 검토하고 있는가?
- 적정재고설정을 위한 재고자산 회전기간은 분석하고 있는가?
- 재고자산의 최고, 최저, 평균을 파악하고 있는가?
- 자금조달에 있어서 조건(차입처, 이율)은 검토하고 있는가?
- 거래처별 받을 어음의 내용을 검토하고 있는가?
- 대금결재방법의 경제성은 검토하고 있는가?
- 저장품 재고는 적당한가?
- 고정자산의 이력은 잘 정비되어 있는가?
- 신규 투자정책은 적정한가?
- 유휴설비, 노후설비, 비능률자산, 고장기계 등에 대한 일람표는 작성되어 있으며 활용방안은 수립되어 있는가?

출처 : 정낙현 (2005), 원가절감의 포인트.

Chapter IV

QC
14가지 도구들

1. 체크시트(Check sheet)

🔑 1
체크시트 (check sheet)

체크시트는 결점이나 가치 있는 사건(event)들의 수가 중요할 때 데이터를 수집하기 위해서 사용한다. 체크 시트는 공정으로부터 필요한 자료를 수집하는데 사용되는 도구로서 부적합개수, 결점 수 등 셀 수 있는 데이터를 기록하는 것으로서 체계적인 자료를 수집할 수 있으며 히스토그램, 파레토, 관리도 등을 작성하는데 사용된다.

체크시트의 적용범위로 문제를 정의하는 동안 어떤 일이 일어났는지 알아보려고 데이터를 수집할 때나, 해결책을 수행하고 새로운 상태를 monitor(감시, 조정)하기 위해서 데이터를 수집하고 있을 때 사용한다.

- 작성 방법

1. 취급할 데이터와 분류항목을 결정한다.
2. 체크시트를 디자인한다.
3. 디자인에 참여하지 않은 사람을 이용해 체크시크를 시험해보고, 필요하다면 체크시트를 수정하여 최종 체크시트를 디자인 한다.
4. 데이터를 마킹하거나 체크한다.
5. 데이터의 기간, 기록자, 목적 등의 이력을 확실하게 기입한다.

- 효과

실패의 빈도에 대한 요소들을 확인시킴으로서 실패의 원인을 확인할 수 있고, 그것들을 제거하는 방법을 찾을 수 있다. 품질개선의 시작점에서 데이터 수집을 위해 체크시트는 이해하기 쉽고 넓은 범위에 적용될 수 있는 장점을 가지고 있다.

◆ 체크시트 (check sheet)의 예

- 기록용 (각 공정에서 발생하는 결점수를 결점별, 공정별로 기록)

구분	밀 실	코핑	카렌다	슬리팅	갯수	점유율	우선순위
결점1	///	//	/	/	8	22.2	2
결점2	//	/		/	4	11.1	4
결점3	//// ////	////	//	///	18	50.0	1
결점4	//	/	/	//	6	16.7	3
계	17	8	4	7	36	100.0	-

-점검용 (화장실 관리상태 확인용)

점검내용	휴지 없음	비누 없음	청소 불결	전등부적합	환풍기 부적합	수도꼭지 부적합	기타
체크							

2. 파레토그림 (pareto diagram)

🔑2 파레토그림 (pareto diagram)

많은 사소한 요인들로부터 문제의 가장 주목할 만한 원인을 구분하기 위해 또한 팀의 업무 수행에 있어서 가장 긴요한 문제점을 확인하기 위해서 작성되어진다. 또한 현장에서 발생한 부적합품, 결점, 클레임 등과 같은 현상을 원인별로 데이터를 분류하여 그 크기를 그래프로 나타낸다.

파레토그림의 적용범위로 일반 사회학 분야에서도 많이 사용하지만, 품질과 관련해서는 어떤 부적합항목이 원인에 기여하는 것이 많은가, 그 비율은 어느 정도인가, 어떤 문제부터 개선해 가면 좋은가 등을 밝혀내는데 적용된다.

- 작성 방법

파레토 분석은 때때로 80 / 20 규칙이라고 불려진다. 이것은 문제의 80%가 20%의 활동에 기인한다는 뜻이며, 그것이 바로 주의 집중 되어야 할 중요한 20%임을 뜻한다. 다음의 간단한 여섯 단계를 포함한다.

1. 표에 활동이나 원인을 적고 각각의 발생 횟수를 기록한다.
2. 이것들을 크기가 큰 순서로 표에 위치시킨다.
3. 전체항목의 합계를 계산한다.
4. 각각의 활동이나 원인이 나타내는 합계의 백분율을 계산한다.
5. 퍼센트를 보여주는 수직축과 활동이나 원인을 나타내는 수평축으로 파레토 그림에 그린다.
6. 결과를 해석한다.

- 효과

각기 다른 주장을 가진 사람들이 각각 다른 활동의 순서를 따르기를 원할 때 하나의 합의에 이르기는 어려운 일이 될 수 있다. 파레토 그림은 현상의 사실을 보여줌으로써 의사결정을 돕는다.

Chapter Ⅳ   QC 14가지 도구들

◆ 파레토그림의 예

- 고객 불편접수건 (병원에서 실시한 고객 불편 접수건수가 다음과 같다.)

항목	도수	상대도수	누적도수	상대누적도수
간호사 불친절	33	0.423	33	0.423
의사 불친절	15	0.192	48	0.615
주차 불친절	12	0.154	60	0.769
기타	10	0.128	70	0.897
직원 불친절	8	0.103	78	1.00
계	78	1.00	78	

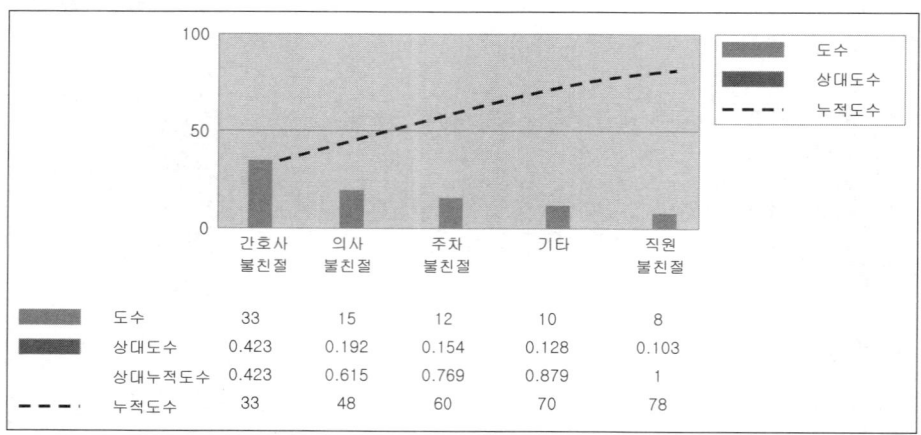

Pareto Chart 항목

도수	33	15	12	10	8
상대도수	0.423	0.192	0.154	0.128	0.103
상대누적도수	0.423	0.615	0.769	0.879	1
누적도수	33	48	60	70	78

3
히스토그램 (histogram)

히스토그램은 계량치 데이터가 어떤 분포를 하고 있는가를 알아보기 위해 사용하는 것으로 데이터를 구간으로 나누어 구간에서 발생된 빈도를 체크하여 그래프로 나타낸 것이다. 히스토그램의 적용범위로 계량치 데이터를 얻을 수 있는 프로세스라면 모두 적용된다. 품질과 관련해서는 생산현장에서 얻어지는 데이터를 가지고 히스토그램을 그린다.

- 작성 방법

1. 기간을 정해 데이터를 모은다. 100개 이상의 데이터가 좋다
2. 범위와 계급의 폭, 최소치를 포함하는 계급의 경계치, 계급의 중심치 등을 정하거나 계산한다.
3. 데이터를 체크하고 도수를 구한다. 그러면 도수분포표가 완성된다.
4. 도수분포표를 히스토그램으로 그린다.
5. 결과를 해석한다.

- 효과

히스토그램을 통해 데이터의 대표값인 평균이나 산포의 크기, 데이터가 얻어진 프로세스의 안정성 등을 파악할 수 있다. 또한 히스토그램은 개선효과를 파악하고 현재와 과거의 상태를 비교하는 데도 사용된다.

Chapter Ⅳ QC 14가지 도구들

◆ 히스토그램 (Histogram)의 예

- 승용차용 배터리의 수명 데이터

```
2.2 4.1 3.5 4.5 3.2 3.7 3.0 2.6 3.4 1.6 3.1 3.3 3.8 3.1 4.7 3.7 2.5 4.3 3.4 3.6 2.9
3.3 3.9 3.1 3.3 3.1 3.7 4.4 3.2 4.1 1.9 3.4 4.7 3.8 3.2 2.6 3.9 3.0 4.2 3.5
```

계급구간	계급 중앙값	도수	상대도수
1.5이상 ~ 2.0미만	1.75	2	0.05
2.0 ~ 2.5	2.25	1	0.025
2.5 ~ 3.0	2.75	4	0.1
3.0 ~ 3.5	3.25	15	0.375
3.5 ~ 4.0	3.75	10	0.25
4.0 ~ 4.5	4.25	5	0.125
4.5 ~ 5.0	4.75	3	0.075
계		40	1

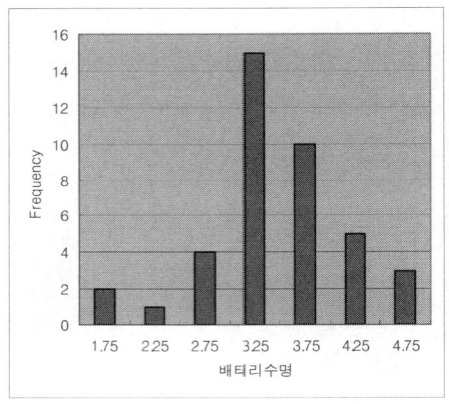

4. 산점도 (Scatter plot)

두 개 특성간의 관계를 파악하기 위한 도구로서 결과와 원인사이의 관계가 어느 정도인가를 파악하기 위해서 산점도가 필요하다.

산점도는 그룹에서 두 항목사이 (종종 원인과 결과)에 어떤 관계가 있는지 없는지 테스트를 할 때 사용한다.

- 작성 방법

1. 원인과 결과에 대한 데이터를 수집한다.
2. 원인과 수평선을 그린다.
3. 결과를 수직선에 그린다.
4. 산점도를 그린다.

- 효과

산점도는 영향을 미치는 요인과 영향을 받는 특성간의 관계를 파악케 한다. 주의할 것은 산점도가 비록 관계가 있다고 나타나도 그것은 하나의 원인이라고 할 수 없으며 그 관계는 우연적이거나 우리가 모르는 다른 변수에 의한 것일 수도 있다는 것이다. 만약 관계가 있다고 나타나면 증명을 하는게 타당하다.

Chapter IV QC 14가지 도구들

◆ 산점도 (Scatter plot)의 예

- 자동차 무게와 에너지 소모량

자동차무게 (x)	0.9	1.3	2.1	2.5	2.4	1.7	0.7	1.2	1.6
에너지소모량(y)	2.0	2.6	4.3	5.8	5.1	3.2	1.8	2.3	3.0

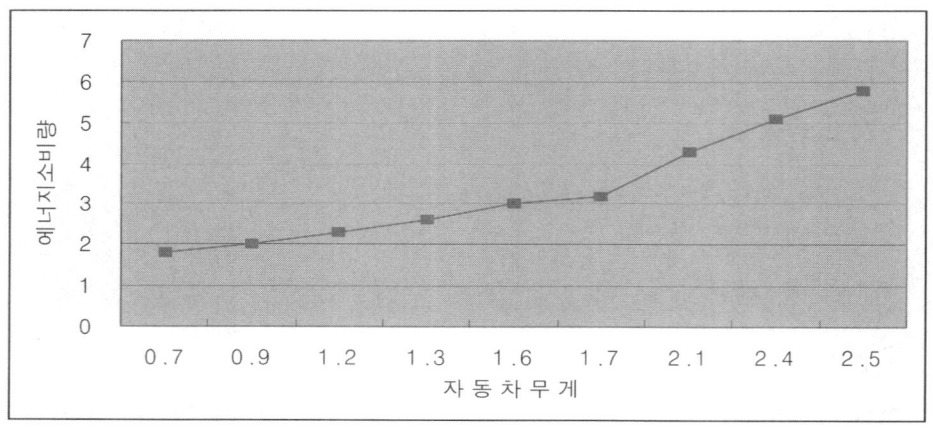

5. 층별 (Classification)

층별(stratification)이란 데이터를 몇 개의 관련 있는 부분군(subgroup)으로 구분해서 문제의 원인을 파악하려는 기법이다. 이는 데이터가 갖는 산포의 원인을 층별화함으로서 산포를 줄이거나 공정평균을 좋은 방향으로 개선하는데 도움을 준다.

층별은 어떤 문제를 확인하고 문제해결의 첫 번째 단계로써 그것을 세밀하게 정의하려고 할 때 사용한다.

- 작성 방법

층별은 데이터가 기준 집합을 만족시키는가 또는 그렇지 못하는가에 따라서 그것을 쪼개는 방법이다. 이 기법의 가치는 데이터의 패턴을 보여주는 것이다. 이것은 자료를 수집하는 방법에 대해 설계하기 전에 사용되어지며, 자료수집 후에는 분석에 초점을 맞추는 방법으로써 이용된다. 그 과정은 매우 간단하다.

> 1. 데이터에서 시스템적인 차이점들을 유발할 수 있는 기준 또는 특성들의 모든 가능한 목록을 찾아낸다. 이것들은 반드시 차이점을 유발시키는 것이 아니라 유발시킬 수도 있다는 것이다.
> 2. 이러한 항목들을 포함하는 자료수집 형식을 설계한다.
> 3. 자료를 수집하고 어떤 패턴이나 경향에 대해 그것들을 조사한다.

- 효과

자료를 수집하기 전에 데이터에 초점을 맞춤으로서 한 번에 모든 가능한 자료를 수집할 수 있으며, 쓸데없는 노력을 하지 않아도 된다.

◆ 층별의 예 (Stratification)

- 일반적으로 공장에서 많이 쓰이는 층별의 구분 방법

- 시간 : 같은 시기에 만든 것끼리 작은 그룹으로 모은다.
  시간별, 오전 오후별, 월별, 계절별
- 작업 방법 : 온도, 압력, 속도 등의 작업조건, 작업방법별 등
- 원료, 재료 : 공급자, 성분, 로트별 등
- 기계, 장치 : 기계별, 형식별, 구조별 등
- 측정, 검사 : 시험기, 계측기, 측정자, 검사원별 등
- 작업자 : 조별, 숙련도별, 남녀별, 연령별 등

6 특성요인 (Cause and Effect diagram)

특성요인도는 가능한 원인들을 밝혀내고 데이터가 수집된 가능한 영역을 지적하기 위하여 결과들 또는 문제점들을 시험한다. 특성요인도 또는 원인결과도(cause - and - effect diagram)란 문제해결에 있어 제품의 특성인 결과에 요인인 원인이 어떤 관계를 갖고 있으며 그리고 어떻게 영향을 주고 있는가를 알 수 있도록 작성한 시각적 그림이다. 이것은 이시가와가 고안하여 일본의 가와사키제철에서 처음으로 품질관리에 적용한 것으로 이를 생선뼈 도표(fishbone diagram)라고도 한다.

특성요인도의 작성시에는 결과에 영향을 미치는 모든 가능한 원인을 열거할 수 있도록 하기 위해서 일차적으로 브레인스토밍(brainstorming)과 같은 기법을 도입하여 품질관리 분임조원들이 개진한 의견들을 특성요인으로 묶고, 다음으로는 개선의 실마리를 발견, 문제점을 긴급하고도 중요한 항목 순으로 제거하기 위해 파레토도 등을 활용할 수가 있다. 이때 물론 개선하고자 하는 품질특성 결과의 성격에 따른 원인의 분류는 대체로 5M1E와 주어진 여건(environment)을 주요 원인으로 취급한다.

6. 특성요인(Cause and Effect diagram)

특성요인도는 클레임이나 부적합품의 원인을 파악할 수가 있다. 클레임이나 부적합품이 발생하였을 때 그 원인에 대해서 브레인스토밍방법 등을 통해 서로 많은 의견을 내어, 이것을 특성요인도에 정리할 수가 있을 뿐만 아니라 특성요인도를 작성한 다음에는 그 원인에 대한 중요도를 결정하여 어디서부터 대책을 취할 것인가를 결정할 수가 있다.

또한 개선의 수단을 찾아낼 수가 있다. 품질향상, 능률향상, 원가절감방안으로 어떤 문제점을 발견하기만 하면 특성요인도를 가지고 개선을 위한 수단들을 중요도에 따라 찾아낼 수가 있다.

- 작성 방법

1. 분석을 위해 선정된 모든 가능한 문제의 원인들 또는 결과를 찾아낸다.
2. 원료, 방법, 기계, 사람이라는 주제 하에 주된 원인을 분류한다.
3. 뼈대를 그린다.
4. 선택된 분류 항목에 따라 결과들을 적는다.

- 효과

행동의 방향이 정해지고, 새로운 발상이 촉진되며, 기술의 축적이 도모된다. 또한 작성 과정을 통해서 부문간, 인간간의 교류가 원활하게 된다.

◆ 특성요인도 (Cause and Effect diagram)의 예

- 볼트 지름의 산포에 대한 특성요인도

기계	방법	재료	측정	사람	환경
절단기노화	잘못된 제조순서	부적합자재	측정기마모	사기저하	작업장온도
절단속도			측정기부적합	태도부적합	작업장조명
기어의 마모					

Chapter Ⅳ QC 14가지 도구들

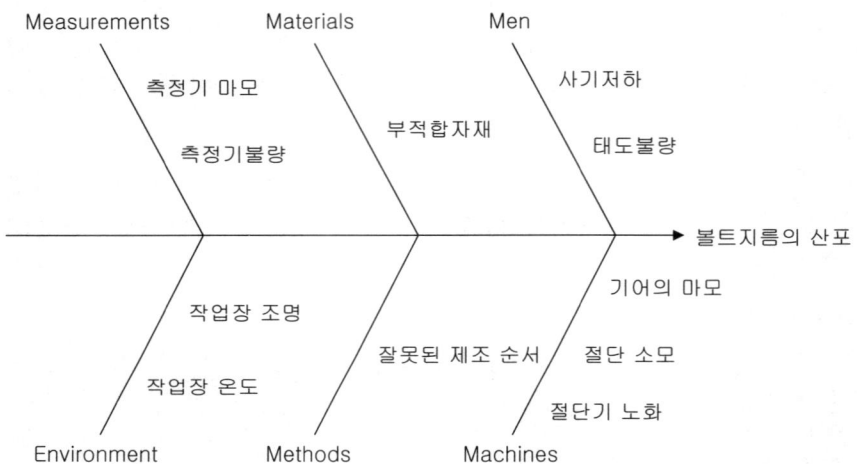

7 그래프 (Graph)

데이터를 도형으로 나타내어 수량의 크기를 비교한다든가 수량이 변화하는 상태를 쉽게 알아 볼 수 있도록 하는데 있다.

- 작성 방법
종류와 특징에 맞게 그린다.

1. 데이터를 수집한다.
2. 수집한 데이터에 대해서 분석을 하고자 하는 목적에 맞는 그래프를 엑셀 S/W에서 찾는다.
3. S/W가 그려준다
4. 그려진 그래프를 해석한다.

- 효과
인간의 시각에 호소하여 보다 많은 것을 요약하여 빠르게 전달한다. 그래프를 통해 정보를 보다 빠르게 읽게 되며, 아울러 필요한 조치를 빠짐없이 취할 수 있게 된다.

Chapter Ⅳ   QC 14가지 도구들

◆ 그래프의 예

- 각종 그래프의 종류와 특징

NO.	종류	목적	장점
1	막대그래프	수량의 크기를 비교한다	일정한 폭의 막대를 늘어놓아, 그 막대의 장·단에 의해서 수량의 대소를 비교할 수 있다
2	꺽은선 그래프	수량의 비로 변화 상태를 본다	선의 고저에 의해서 수치의 대소를 비교할 수 있고 동시에 시간의 경과에 따른 변화를 알 수 있다
3	원그래프	내역의 비율을 본다	전체를 원으로 나타내고 내역의 비를 부채꼴로 구분하여 전체와 부분, 부분과 부분의 비를 알 수 있다
4	띠그래프	내역의 비율을 본다	전체를 길쭉한 정방향의 띠로 나타내고, 그것을 내역에 해당되는 비로 구분하여 전체와 부분, 부분과 부분의 비를 알 수 있다는 점은 원그래프와 같지만 분도기가 없더라도 작성가능하다
5	점그래프	2개의 변화하는 수량간의 관계 유·무를 비교한다	제품의 어떤 위치에 부적합 결점이 발생하는지 조사하는 그래프, 체크시트, 산점도 등
6	삼각그래프	정삼각형 내의 점의 위치로 여러 경우를 비교한다	3요소로 구성되어 있는 전체에 대해 각각 어떻게 구성되어 있는 가를 나타낼 수 있다
7	그림그래프	외부 사람들이 알기 쉽고 흥미 있게 확인 하도록 한다	통계도표의 일종으로서, 정확하고, 면적으로 나타낼 때는 원형과 비슷하게 그릴 수 있다

8. 친화도법 (Affinity diagram)

자연 친화의 몇 가지 형태에 따라 그룹안의 많은 양의 데이터를 조직화하기 위함이다. 친화도법은 확실하지 않고 서로 복잡하게 관련되어진 문제들을 서로 관련이 있는 것끼리 묶어서 구별하는 방법으로 고객의 요구상황을 디자인에 반영하고자 할 때, 미래의 경험하지 못한 문제들이나 분명치 않은 문제에 대해서 사실이나 의견 발상 등을 언어데이터로 파악하고자 할 때 사용한다.

- 작성 방법

먼저 친화성이 있는 요인 및 과제들을 대분류로 분류한 후, 다시 이것들을 중분류로 분류하고 다시 소규모의 그룹인 소분류로 분류해 가면서 친화성이 강한 것끼리 묶어나간다.

1. 과제결정
2. 언어데이터의 수집 : 브래인 스토밍법이 활용된다.
3. 언어데이터의 카드화 : 언어데이터를 독립된 최소의미의 문장으로 간결하게 압축하여 카드에 적는다.
4. 카드 짝짓기 : 카드 가운데 비슷해서 친화감이 드는 카드를 끼리끼리 모은다.
5. 팻말 카드 만들기 : 끼리끼리 모은 카드에서 본질을 꿰뚫는 간단한 표현을 찾아 그것을 팻말로 삼는다.
6. 그리기 : 카드 다발을 통한 그룹 편성을 끝내고 전체를 구조적으로 알기 쉽도록 그림으로 풀이한다.

- 효과

데이터를 자연 친화 형태로 조직화하는 것은 문제의 요인 및 과제들 간의 매우 논리적인 연결을 형성하는 방법이라고 하기보다는 그들 간의 연관관계를 구성하는 것이라고 할 수 있다. 따라서 해결해야 할 문제의 소재 및 형태를 쉽사리 파악해 나갈 수 있게 된다.

Chapter Ⅳ   QC 14가지 도구들

◆ 친화도법의 예

어떤 회사에서 품질향상이라는 문제에 얽혀 요인들을 크게 분류한 결과 품질과 생산 원가로 대분류하였다. 그리고 품질은 제조품질과 서비스품질로 중분류 하였다. 이렇게 여러 원인들을 친화관계에 의해 친화도를 작성한다.

(품질향상에 대한 친화도)

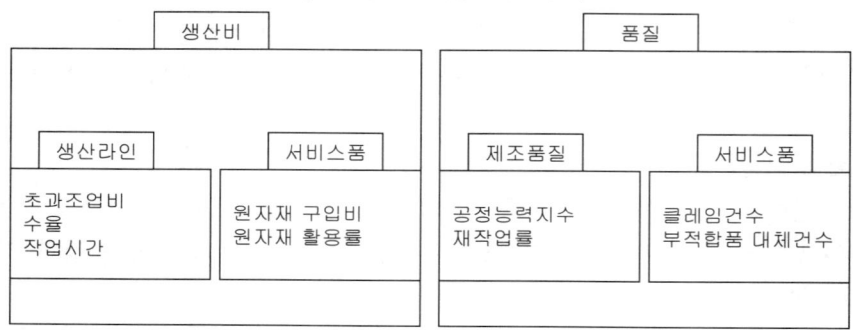

9. 연관도법 (Relationship diagram)

📌 9 연관도법 (Relationship diagram)

연과도법은 친화도법 등에 의해 문제와 요인들이 체계화된 이후, 인과관계를 밝히고자 하는 것으로 문제의 원인이 서로 복잡하게 얽혀 있는 경우 이를 풀어 나가는 방법이다. 연관도법은 각각의 idea들 간에 관계가 복잡하여 정형화된 의미를 확립할 수 없을 때와 질문의 문제가 보다 근원적인 문제에만 국한될 징후가 있을 때 사용한다.

- 작성 방법

연관도를 작성하는 방법은 문제점을 파악하여 정의하고, 문제점에 대한 중요한 원인들을 나열한 후 영향을 미치는 관계를 화살표로 나타낸다.

1. 목적에 맞는 팀 편성
2. 미팅에서 요인 추출 : 브레인스토밍법이 활용된다. 카드를 이용한다.
3. 연관도 작성 : 의견이 모두 나온 단계에서 각 항목 사이의 인과관계를 화살표로 잇는다. 화살표의 방향은 원칙적으로 원인 결과형에서는 원인에서 결과로 뻗는다. 또 목적 수단형에서는 수단에서 목적으로 뻗는다.
4. 그림의 추가 수정
5. 중요 항목의 압축
6. 결론을 내리고 대책으로 옮겨간다.

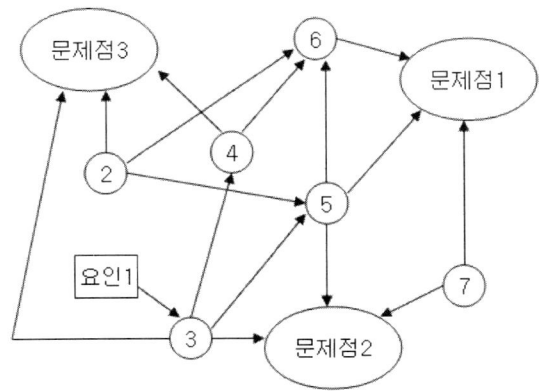

Chapter Ⅳ   QC 14가지 도구들

- **효과**

복잡한 상태의 idea들과 문제 간에 관계를 확인할 수 있다. 몇 사람의 회원이 여러 차례 다시 그리는 과정에서 문제를 명확히 인식시켜 회원 사이의 합의를 얻고 발상의 전환을 촉진할 수 있다

◆**연관도법의 예**

- **열 가지 큰 문제가 뒤섞인 조직의 품질계획을 결정하는 데에 브레인스토밍회의 결과를 보여주고 있다**

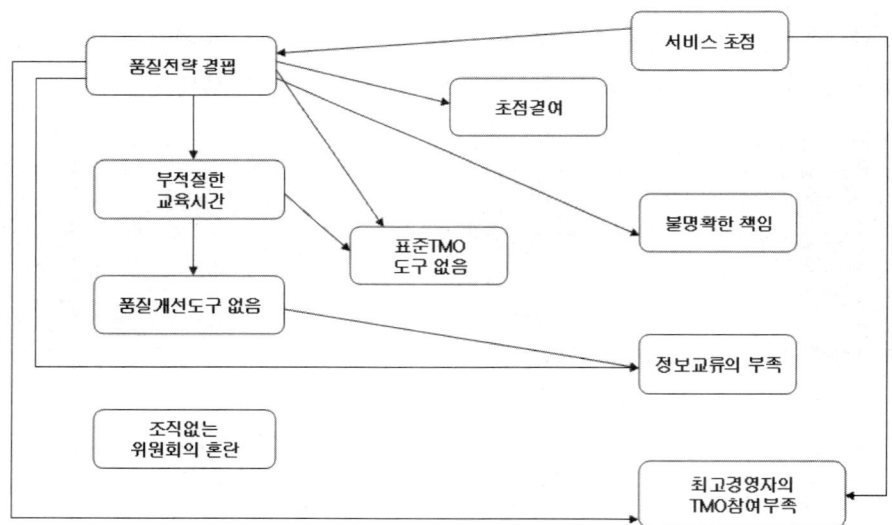

10. 계통도법 (Tree diagram)

10 계통도법 (Tree diagram)

계통도는 설정한 목적이나 목표를 달성하기 위한 수단이나 방법을 체계적으로 전개해 놓은 그림으로 문제를 해결하기 위해 필요한 작업과 수단을 확인하고 목표에 도달하는데 목적이 있다.

계통도는 문제해결을 위한 아이디어를 각색하거나 각 프로세스의 기능이나 역할을 명확하게 하여 해결방법을 모색할 때 사용된다. 예를 들어 신제품개발 단계에서 설계품질을 전개할 때나 품질수준을 달성하기 위한 여러 가지 품질관리 활동의 기능과 역할을 단계별로 결정하는데 사용될 수 있다.

- 작성 방법

먼저 목표를 달성하기 위한 1차 수단을 기입한다. 그리고 1차 수단이라는 목적을 달성하기 위한 방법들이 2차 수단이 된다. 이렇게 계통도에서는 각 단계별로 전 단계의 수단은 그 다음 단계의 목적이다.

1. 목적과 목표 구성
2. 수단 방책의 추출 : 설정한 목적과 목표를 달성하는데 필요한 수단 방책을 적는다.
3. 수단 방책의 평가 : 추출된 수단 방책이 적절한 것인지를 평가하고 취사선택한다.
4. 수단 방책 카드 작성
5. 수단 방책 계통화
6. 목적의 확인 : 수단으로써 그 높은 수단(목적)이 타당한 것인지를 확인한다.

Chapter Ⅳ QC 14가지 도구들

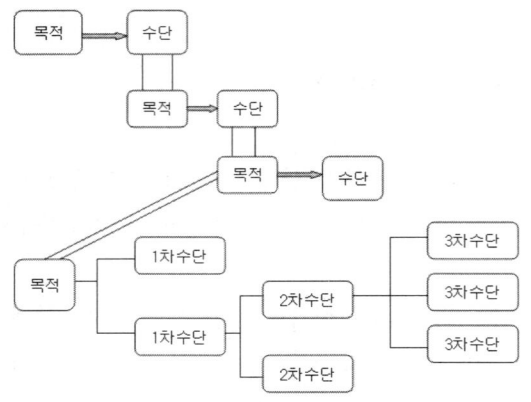

- **효과**

복잡한 문제를 해결하고 체계적인 방법으로 원하는 목표를 이루어 낼 수 있다.

◆ **계통도법의 예**

통제하기 쉬운 설비를 고안하는 원인에 대한 큰 흐름을 계통도법으로 표현하고 있다.

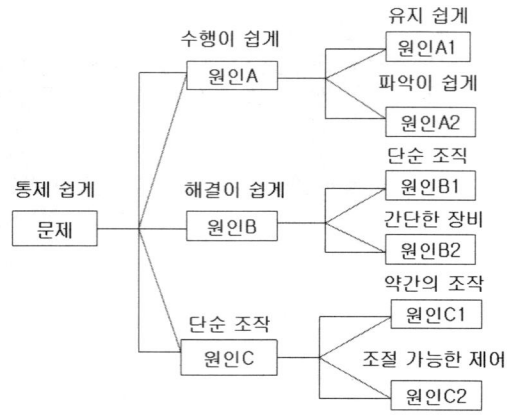

11. 매트릭스도법 (Matrix diagram)

11 매트릭스도법 (Matrix diagram)

　매트릭스도법은 문제가 되고 있는 항목요소, 방법과 대응되는 업무의 중요성간의 관계에 대해 정보를 제공하기 위한 도구로서 활동, 책임 등에 존재하는 논리적 연관성을 그래프로 표현하는 도구이다.

　매트릭스도법은 상호간의 많은 중요성을 가지는 다양한 요소(elements)들 간의 논리적인 관계를 갖는 많은 양의 데이터를 도식적(graphic) 기호를 사용함으로써 도식적(graphically)으로 체계화하고 설명할 때 사용한다. 특히 QFD에서 많이 사용된다.

- 작성 방법

　목적 또는 문제가 되는 사항은 가로줄(행)에다 적고 문제에 대한 해결방법 및 수단은 세로줄(열) 기입하여 가로와 세로의 교차점에 관련유무 정도를 기호로 표시하여 작성한다.

		\multicolumn{10}{c}{R}
		B1	B2	B3	—	—	Bi	—	—	—	Bn
L	L1										
	L2										
	L3										
	|										
	Li						↑				
	|										
	|										
	Ln										

착상포인트

Chapter IV QC 14가지 도구들

1. 짜모으기 사안의 설정 : 요구 품질과 내용 특성의 관련짓기, 내용 특성과 공정관리 항목의 관련짓기, 부적합 현상과 그 원인의 관련짓기
2. 다른 사안에 대응하는 요소 전개 : 계통도와 짜모아서 요소 전개를 한다.

- 효과

문제가 되고 있는 항목과 대응되는 업무간의 관계를 보여주는 간단한 방법

◆ 매트릭스도법의 예

예를 들어 A, B, C, D, E라는 5가지 목적 (혹은 문제점)을 이루기 (개선하기)위해 갑, 을, 병, 정이라는 4가지 수단이 있다고 하자. 매트릭스도 아래와 같다.

목적 B는 갑, 을, 병, 정이라는 4가지 수단과 관계가 모두 약한 관계이므로, 이러한 수단에 의해서는 달성하기 어렵게 된다. 그리고 갑이라는 수단이 3개의 목적과 강한 관계를 가지고 있으므로 가장 중요한 수단이라고 판단 할 수 있다.

수단 목적	갑	을	병	정
A	◎	○	X	◎
B	X	X	X	X
C	◎	○	◎	○
D	○	○	○	○
E	◎	◎	X	○

12. 매트릭스 데이터 해석법 (Matrix data analysis)

📌 12 매트릭스 데이터 해석법 (Matrix data analysis)

매트릭스 데이터 해석법은 통계학의 다변량분석법의 주성분 분석방법의 한 가지 기법으로 매트릭스도에 배열된 수치 데이터를 알아보기 좋게 그림으로 나타내기 위한 도구이다.

이 기법은 두 가지 요인 간에 관련정도를 수량화하여 분석하고자 할 때, 복잡하게 원인이 얽혀 있는 공정 분석시, 대량의 데이터로 된 부적합 원인의 분석시, 복잡한 품질 평가시, 곡선 응답 데이터의 분석시, 다변량 데이터를 분석할 때 사용되며, 예로 서로 다른 제품과 시장 특성에 대한 그림을 얻고자 할 때 사용될 수 있다.

- **작성 방법**
다변량 통계적 분석의 한 기법인 주성분 분석법을 사용한다.

- **효과**
다변량 데이터를 분석하는데 효과적이며, 모든 키 데이터를 보여주고, 서로 다른 제품과 시장 특성 등의 개요를 제공한다.

◆ 매트릭스 데이터 해석법의 예

예를 들어 컬러 TV의 품질을 나타내는 변수가 5가지 있다고 하자 그리고 여러 회사에서 생산하는 컬러TV 10가지 브랜드에 대하여 5가지 요인을 여러 번 측정하여 데이터를 수집한 후 주성분 분석을 실시했다.

13
PDPC법 (Process decision program chart)

 PDPC법은 어떤 업무를 수행해 나갈 때, 사태의 진전에 따라 여러 가지 결과가 예상되는 경우가 있으며 이러한 경우 발생할 수 있는 모든 상황을 선정하여 그림으로 도식화할 수 있는데 그게 바로 PDPC로 바람직한 결론과 사전 대책을 이끌어 내기 위해 가능성 있는 결론에 초점을 맞추기 위한 것이다. 바람직한 결론을 얻고 바람직하지 못한 결과를 피하기 위해 참신한 계획을 작성하고자 할 때 사용한다.

- **작성 방법**

> 아래의 그림과 같이 부적합률이 높은 현재의 상태 A0에서 부적합률이 줄어든 바람직한 상태 Z에 이르려고 한다. 계획 초기단계에서는 A0에서 Z에 이르는 수단으로 A1, A2, A3, … Ap 의 계열을 생각할 수 있다. 그러나 여기에서 A3이 기술적으로 실현이 어려울 경우에는 A2에서 B1, B2, B3 …Bq의 계열로 가서 바람직한 상태 Z에 이를 수 있다. 그러나 위의 2계열로도 안 될 때는 C계열이나 D계열도 수단으로 생각하는 등, 목표달성을 향한 온갖 방안을 내놓는다.

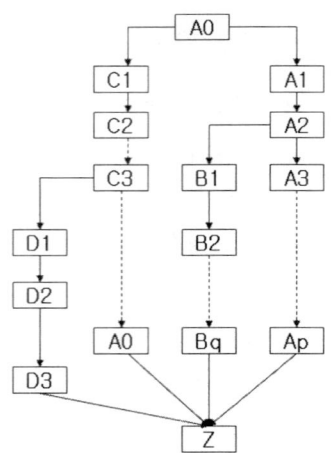

13. PDPC법(Process decision program chart)

- 효과

PDPC는 계획을 실행하는 동안 직면하게 되는 문제점들을 다루고, 원하는 목적을 달성하기 위한 계획을 작성하는데 이용되며, 계획을 향상시키는 정확한 의사결정을 통해 목적을 달성 하는데 이용된다. 또한, 모의실험을 통해 원하지 않은 결과를 이끌어내는 사건의 과정을 파악하여 못 가는 것을 피할 수 있고 적절한 대응책을 생각해 낼 수 있다. 즉 바람직한 결과를 얻기 위한 계획의 작성에 도움을 준다.

◆ PDPC법의 예

A회사가 B대학으로부터 주문을 확정할 때까지 계약의 확인을 도울 수 있는 과정을 보여주는 PDPC 이다.

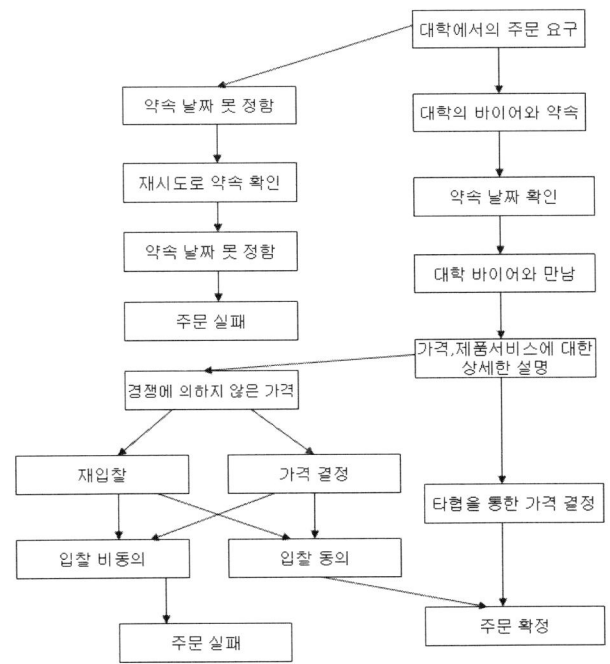

Chapter Ⅳ QC 14가지 도구들

14
애로우 다이어그램 (Arrow diagram)

애로우 다이어그램은 목표를 설정하여 달성할 때까지의 수단을 주로 시간의 흐름에 따라 진척 상황을 정리한 그림으로, 문제를 해결하는데 걸리는 시간과 어떤 것을 할 것인가를 동시에 보여주는 게 목적이다. 적합한 일정계획을 수립하여 효율적으로 진척상황을 관리하고자 할 때, 매일 매일의 프로젝트 생산계획 그리고 어떤 일에 대해 가장 적당한 시간을 할당하기 위해 사용한다.

- 작성 방법
애로우 다이어그램은 프로젝트를 실행하거나 그 과정을 확인하기 위해서 최적의 스케줄을 보여 주는 중요 경로(critical path)계획 방법을 간략하게 한다.

> 1. 테마를 정한다. : 애로우 다이어그램을 만드는 목적을 명확히 한다.
> 2. 필요한 작업의 이름을 모두 적는다.
> 3. 각 작업의 소요시간, 조건을 리스트에 적어 놓는다.
> 4. 작업 순서를 순서대로 나타낸다. 작업을 구 순서에 따라, 때때로 병행해서 배치하고 시간적으로는 합리적인 설정을 하여 소요시간을 기입한다.

- 효과
어떤 일에 대한 가장 알맞은 시간 계획을 보증할 수 있다.

14. 애로우 다이어그램(Arrow diagram)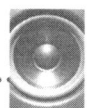

◆ 애로우 다이어그램의 예

집의 건축 계획과 협력에 사용된 애로우 다이어그램을 보여 준다.

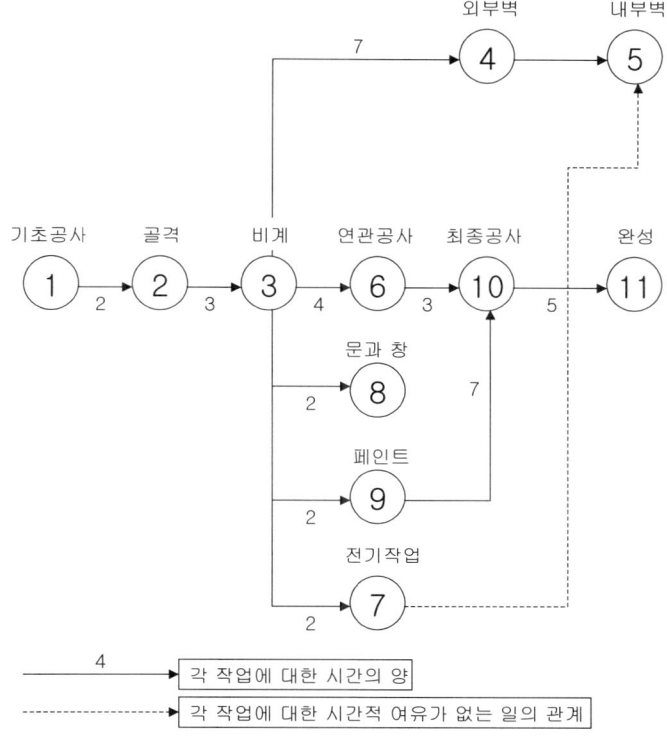

Chapter V

혁신을 위한
경영계획서 작성

1
주요연혁

회사의 연혁은 일반인이면 누구나 쉽게 알아볼 수 있도록 회사연혁과 사업연혁으로 나누어 기술하는 것이 좋다. 회사연혁은 설립 및 이사관계 그리고 등기부변경사항과 수상실적 등이며, 사업연혁은 주요 재무현황과 영업현황 그리고 신기술 개발현황 등 회사의 성장과 관련된 사항을 기술한다. 다음의 표는 주요연혁의 사례이다.

주요연혁 사례

회사의 프로필		최고경영자 프로필	
회사명		출생년도	
설립일		주요학력	
최고경영자		주요경력	
자본금		주요자격	
매출액		수상경력	
구성원 수		보유지적재산권	
본 사		주요사회활동	
사업 영역			

회사 연혁		사업 연혁	
2001.12	(주) 세명 설립	2002.01	매출액 200억 달성
2002.01	최고경영자 피선	2002.08	신상품 출시
2003.05	자본금 20억 증자	2002.12	인터넷 쇼핑몰 개설
2004.01	코스닥 등록	2003.02	홈쇼핑사와 전략적 제휴
2005.04	영국현지 법인설립	2004.12	산업훈장 수상
2007.09	미국현지 법인설립	2007.12	식스 시그마품질 경영정착

Chapter V 혁신을 위한 경영계획서 작성

주주 현황

1. 자본금 현황

일자	원인	주식변동 현황			자산	신주배정	증자비율
		종류	수량	액면가	발행가		
2001.01.03	유상증자	보통주	10,000	5,000	5,000	50,000,000		설립자본
2002.01.15	유상증자	보통주	5,000	5,000	10,000	75,000,000	구주주	50%
2004.01.03	공모증자	보통주	10,000	5,000	10,000	125,000,000	일반공모	67%

2. 주주 구성

구분	성명	주식수	지분율	관계
대표이사	김용철	10,000	53%	본인
이사	김현중	3,000	16%	
이사	김성연	2,000	11%	
이사	이정직	2,000	11%	
이사	김순진	2,000	11%	
합계		19,000	100%	

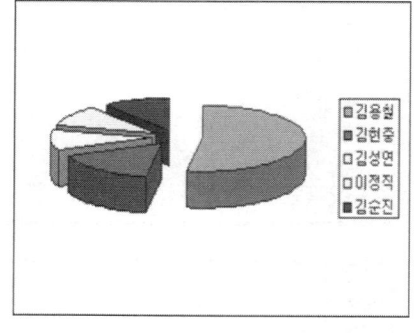

2. 하부단위의 목표 설정

2
하부단위의 목표 설정

　각 부서는 최고경영자의 목표를 중심으로 계층별로 점차 구체적인 목표를 설정하고 최종 부서의 목표 및 개인의 목표를 설정하여 추진한다.

　개인의 목표와 부서의 목표는 월간단위로 작성하되 구체적으로 수치화를 하여 평가 가능토록 작성한다. 또한 매월 초에 개인 및 부서의 목표 대비 성과를 발표하고 발표자는 합리적이고 타당하게 발표한다. 경영자는 발표내용을 검토하고 새로운 월간방침 하달과 그달에 우수한 부서 및 우수사원, 목표달성 사원을 포상한다.

최고경영자의 경영방침 사례

2009년 경영방침

" '09년은 대화합.대도약의 해 "

1. 　각 부문별 경쟁력 제고
2. 　지속적인 경영개선 추진
3. 　팀웍크로 조직력 강화
4. 　국제화 인재육성

Chapter Ⅴ 혁신을 위한 경영계획서 작성

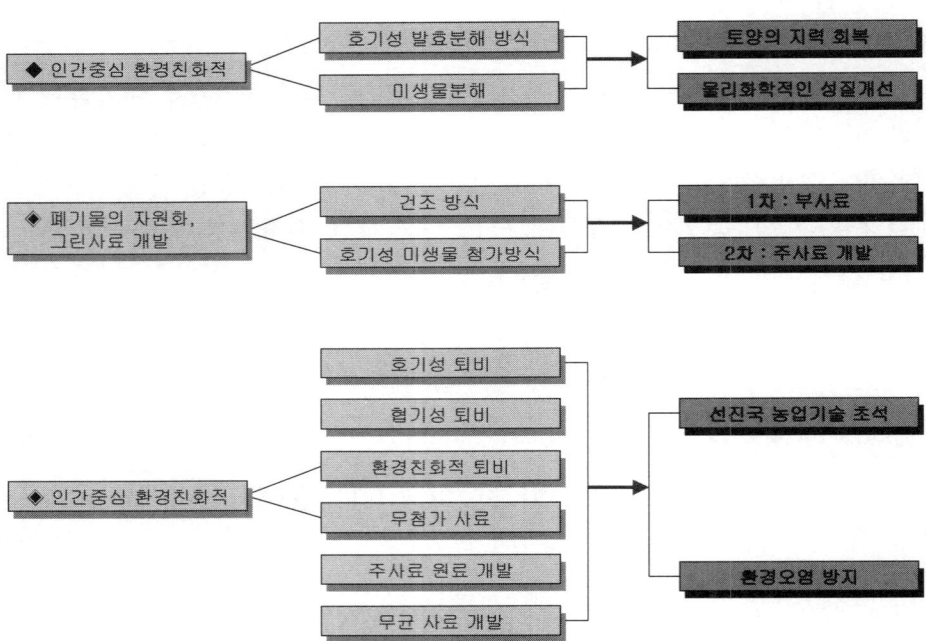

3
수주계획

　수주계획은 각 영업사원별로 차기 년도 수주 가능계획을 수립한다. 영업사원은 긍정적인 사고로 계획을 수립하고 그동안 영업활동 환경을 분석하여 판매가능 수량 또는 금액보다 상위하여 목표를 설정한다. 상사의 눈치만 보고 목표를 과대하게 잡고 달성치 못하는 경우가 간혹 있으나 달성가능 목표를 설정하되 도전적인 목표를 설정하고 개인별 판매 전략을 수립한다.

　각 영업사원별 판매계획을 영업본부에서 집계하여 사업계획 총괄부서로 이관하여 사업부별 또는 계열사별 총괄 목표를 결정하고 이를 요약한다. 또한 수주계획은 전년도 대비 혹은 차기년도 전체목표를 달성 가능토록 수립하되 Top-down방식과 Bottom up 방식이 있다. 전자는 최고경영자가 전년도 대비 금년도 총괄 판매계획 수량 혹은 금액을 각 부서별로 하달하여 각 부서에서는 영업사원 개인별로 목표를 설정하는 방법으로 이는 과대한 목표를 설정할 수 있고 달성하지 못하는 경우 책임 전가가 최고경영자에게로 돌아갈 우려가 있다. 후자는 영업사원 개인별로 목표를 설정하고 이를 총괄 집계하여 전사 판매 계획을 수립하는 방식으로 개인별 의사가 최대한 반영되는 방식으로 목표달성과 책임 추궁이 가능하나 개인별로 목표를 하향 조정하는 경우가 있어 전체적으로 판매목표가 회사가 추구하는 수치보다 적을 수 있다.

Chapter Ⅴ 혁신을 위한 경영계획서 작성

수주계획 작성사례

[단위 : 억원]

구분		수 주 계 획												합계
		1월	2월	3월	4월	5월	6월	7월	8월	9월	10월	11월	12월	
HDF	대수	550	600	570	610	580	650	660	580	700	660	650	700	7,510
	금액	1,375	1,500	1,425	1,525	1,450	1,625	1,650	1,480	1,750	1,825	1,625	1,750	18,980
T/C	대수	320	320	350	330	310	352	340	315	360	360	340	310	4,007
	금액	394	394	420	386	372	422	408	378	432	420	409	372	4,807
BAT	대수	1,500	1,550	1,600	1,590	1,760	1,646	1,500	1,540	1,650	1,700	1,650	1,750	19,436
	금액	3,150	3,255	3,360	3,318	3,675	3,454	3,750	3,794	3,466	3,570	3,455	3,675	41,922
EXC	대수	2,500	2,660	2,450	2,600	2,400	2,750	2,600	2,750	2,800	2,750	2,680	2,700	31,640
	금액	31,250	39,125	30,625	33,500	31,000	34,375	33,500	34,375	35,000	34,375	38,600	33,750	409,475
W/L	대수	1,500	1,650	1,680	1,750	1,880	1,560	1,750	1,760	1,600	1,670	1,700	1,650	20,150
	금액	26,260	28,875	27,650	30,825	28,400	27,300	30,625	30,630	27,825	29,225	29,750	28,875	346,240
합계	대수	6,370	6,780	6,650	6,880	6,930	6,958	6,850	6,945	7,110	7,140	7,020	7,110	82,743
	금액	62,429	73,149	63,480	69,554	64,897	67,176	69,933	70,657	68,473	69,415	73,839	68,422	821,424

4
수금계획

수금 계획은 전년도 말 미수금 상황을 기간별로 입금일자를 분석하여 차기년도에 반영한다. 차기년도의 매출계획을 기준으로 수금계획을 편성하되 전년도 미수금을 합산하고 매출에 따른 수금일자를 예측하여 수립한다.

어음결제와 현금결제를 통계에 의하여 그 비율을 반영한다. 수출의 경우 현금결제로 계산하고 환율은 예상환율로 하되 연간 계획에는 일정 고정 환율로 정한다. 수금계획은 사업부별 또는 계열사별로 하되 영업사원 개개인의 매출계획을 근거로 세부적으로 작성한 것을 취합한다.

수금계획 작성사례

[단위 : 억원]

구분		수금 계획												합계
		1월	2월	3월	4월	5월	6월	7월	8월	9월	10월	11월	12월	
HDF	어음	550	600	570	610	580	650	660	580	700	660	650	700	7,510
	현금	830	800	925	925	950	1,025	1,050	980	1,050	1,225	1,025	1,050	11,835
T/C	어음	320	320	350	330	310	352	340	315	360	360	340	310	4,007
	현금	94	94	120	86	72	122	108	78	132	120	109	72	1,207
BAT	어음	1,500	1,550	1,600	1,590	1,760	1,646	1,500	1,540	1,650	1,700	1,650	1,750	19,436
	현금	2,150	2,255	2,360	2,318	2,675	2,454	2,750	2,794	2,466	2,570	2,455	2,675	29,922
EXC	어음	2,500	2,660	2,450	2,600	2,400	2,750	2,600	2,750	2,800	2,750	2,680	2,700	31,640
	현금	21,250	29,125	20,625	23,500	21,000	24,375	23,500	24,375	25,000	24,375	28,600	23,750	289,475
W/L	어음	1,500	1,650	1,680	1,750	1,880	1,560	1,750	1,760	1,600	1,670	1,700	1,650	20,150
	현금	24,260	24,875	24,650	35,825	25,400	25,300	25,625	25,630	25,825	25,225	25,750	25,875	314,240
합계	어음	6,370	6,780	6,650	6,880	6,930	6,958	6,850	6,945	7,110	7,140	7,020	7,110	82,743
	현금	48,584	57,149	48,680	62,654	50,097	53,276	53,033	53,857	54,473	53,515	57,939	53,422	646,679
	소계	54,954	63,929	55,330	69,534	57,027	60,234	59,883	60,802	61,583	60,655	64,959	60,532	729,422

Chapter V 혁신을 위한 경영계획서 작성

5 생산계획

생산계획은 모델별 판매 계획대비 모델별 Lead Time을 적용하여 편성하고 각 사업장별 특성에 맞게 설정한다. 경영계획상에는 생산대수 표기가 가능한 것은 대수와 금액을 표기하고 총괄 계획을 수립한다. 생산계획도 판매계획을 기준으로 모델별 구체적으로 수립하되 다른 생산요소 예로 M-H, 설비 등 연계되는 조건이 일치하는지 파악한 후 결정한다.

생산계획 수립에서 특별사양이나 옵션, 긴급수주, 전년도 미 작업된 공정 지연작업 등 우선순위를 결정하여 반영한다. 생산금액 산출은 모델별 표준 생산원가를 기준으로 산정한다.

생산계획 작성 사례

[단위 : 억원]

구분		생 산 계 획												합계
		1월	2월	3월	4월	5월	6월	7월	8월	9월	10월	11월	12월	
HDF	대수	650	650	670	660	680	750	760	680	750	760	700	720	8,430
	금액	1,175	1,400	1,325	1,325	1,350	1,325	1,350	1,280	1,550	1,625	1,425	1,550	16,680
T/C	대수	330	330	360	340	320	362	350	325	370	370	350	320	4,127
	금액	384	384	410	376	362	412	388	358	412	400	389	352	4,627
BAT	대수	1,550	1,600	1,650	1,640	1,700	1,650	1,550	1,590	1,690	1,730	1,690	1,790	19,830
	금액	3,050	3,155	3,260	3,218	3,575	3,354	3,650	3,694	3,366	3,470	3,355	3,575	40,722
EXC	대수	2,550	2,690	2,480	2,630	2,430	2,780	2,630	2,780	2,830	2,780	2,690	2,730	32,000
	금액	31,150	39,025	30,525	33,400	30,900	34,275	33,400	34,275	34,900	34,275	38,500	33,650	408,275
W/L	대수	1,510	1,660	1,690	1,760	1,890	1,570	1,760	1,770	1,610	1,680	1,710	1,660	20,270
	금액	26,160	28,775	27,550	30,725	28,300	27,200	30,525	30,530	27,725	29,125	29,650	28,775	345,040
합계	대수	6,590	6,930	6,850	7,030	7,020	7,112	7,050	7,145	7,250	7,320	7,140	7,220	84,657
	금액	61,919	72,739	63,070	69,044	64,487	66,566	69,313	70,137	67,953	68,895	73,319	67,902	815,344

6. 매출계획

영업부에서는 차기년도 수주계획과 생산계획을 반영하여 매출계획을 수립한다. 영업부문과 생산부문은 사업계획을 확정하기 전에 협의하여 생산이 가능한지를 확인 후 확정한다. 매출계획은 수량으로 표시가능한 제품은 수량과 금액을 함께 표기하고 매출계획 상의 단가는 사업계획 수립 시 확정한 개별 판매 예상 단가로 산출한다. 또한 수출인 경우에는 수출단가에 연간 예정환율을 곱하여 산정한다.

매출계획도 영업부문 개별 사원이 수주에서 매출로 이어지는 계획을 개별적으로 작성하여 총괄 부서에서 취합한다. 매출계획 수립 시 매월 혹은 주별, 일별로 계획 대비 실적 분석이 가능토록 세부적으로 수립하고 분석 시 매출 차이가 매출단가 차이인지, 수량차이인지 명확하도록 그 기준을 사전에 확정한 이후 수립한다.

월별 매출계획 작성사례

[단위 : 억원]

구분		매출계획											합계
		1월	2월	3월	4월	5월	6월	7월	8월	9월	10월	11월	12월	
HDF	대수	640	640	650	650	670	740	750	670	740	750	690	710	8,300
	금액	1,275	1,500	1,425	1,425	1,450	1,425	1,450	1,380	1,650	1,725	1,525	1,650	17,880
T/C	대수	320	320	350	330	310	352	340	315	360	360	340	310	4,007
	금액	394	394	420	386	372	422	398	368	422	410	399	362	4,747
BAT	대수	1,560	1,610	1,660	1,650	1,710	1,660	1,560	1,600	1,700	1,740	1,700	1,800	19,950
	금액	3,150	3,255	3,360	3,318	3,675	3,454	3,750	3,794	3,466	3,570	3,455	3,675	41,922
EXC	대수	2,560	2,695	2,485	2,635	2,435	2,785	2,635	2,785	2,835	2,785	2,695	2,735	32,065
	금액	31,250	39,225	30,225	33,500	30,950	34,285	33,450	34,375	34,950	34,375	38,550	33,750	408,885
W/L	대수	1,520	1,670	1,695	1,765	1,895	1,575	1,765	1,775	1,615	1,685	1,715	1,665	20,340
	금액	26,260	28,875	27,650	30,825	28,900	27,300	30,625	30,630	27,825	29,225	29,750	28,875	346,740
합계	대수	6,600	6,935	6,840	7,030	7,020	7,112	7,050	7,145	7,250	7,320	7,140	7,220	84,662
	금액	62,329	73,249	63,080	69,454	65,347	66,886	69,673	70,547	68,313	69,305	73,679	68,312	820,174

Chapter Ⅴ   혁신을 위한 경영계획서 작성

7 재고계획

재고계획은 전년도 기말재고에 금년도 총 구매예산액에서 생산액을 차감한 금액을 월별로 작성한다. 간혹 자재관리부문에서는 입고, 출고가 정해진 타부서에서 이루어진다고 판단하나 이는 잘못된 생각이다. 예로 입고는 구매 부문에 구매한 수량이고 출고는 생산에 투입된 자재로서 자재관리 부문은 통제기능이 없는 것처럼 보이나 이는 잘못된 생각이다.

목표 재고 회전율을 기준으로 최소의 재고와 백퍼센트 결품 없이 생산에 공급하여 주는 것이 자재관리의 기본 목표이다. 여기에 진부화 된다거나 손실 혹은 망실되고 악성재고로 남아 있지 않도록 관리하여주는 것이다.

자재관리부문에서는 목표 재고 금액과 회전율을 설정하고 그 달성 방법을 수립하여야 한다. 자재를 보유한다는 것은 그 만큼의 비용을 부담하는 것으로 재고 금액의 30%가 연간 재고 유지비용으로 추정하면 된다. 자재관리부문은 재고계획 수립은 아래와 같은 방법으로 분리하여 수립한다.

① **재료재고** : 생산에 직접 필요한 생산용 재고
② **재공재고** : 생산에 투입된 자재로 현재 조립 혹은 제작중인 반제품재고
③ **제품재고** : 생산이 완성되어서 출하대기 창고에 적치된 재고 혹은 출하하여 운송중인 재고
④ **미착재고** : 수입품과 같은 품목으로 자재대금 결재는 완료되었으나 운송기간이 길어서 운송중인 재고, 항해중인 수입품 등
⑤ **부품재고** : 애프터서비스에 필요한 서비스용 부품으로 애프터서비스를 위하여 각 지점 또는 애프터서비스 센터 창고에 보관중인 부품재고

재고계획 작성 사례

[단위 : 백만원]

구분	재 고 계 획													기말
	기말	1월	2월	3월	4월	5월	6월	7월	8월	9월	10월	11월	12월	
재료	275	265	500	425	425	450	425	450	380	650	725	525	650	650
재공	8,553	8,342	8,567	8,901	8,765	8,234	8,345	8,236	8,934	8,534	8,523	8,546	8,214	8,214
제품	5,552	6,235	7,256	6,983	6,256	7,943	7,365	6,932	6,367	6,382	6,653	6,235	6,367	6,367
미착	3,257	3,456	3,673	3,468	3,984	3,894	3,290	3,900	3,670	3,932	3,782	3,279	3,190	3,190
부품	2,353	2,457	2,389	2,474	2,489	2,578	2,932	2,890	2,357	2,478	2,369	2,460	2,100	2,100
합계	19,990	20,755	22,385	22,251	21,919	23,099	22,357	22,408	21,708	21,976	22,052	21,045	20,521	20,521

Chapter Ⅴ 혁신을 위한 경영계획서 작성

8 인원계획

　인원계획은 금년도 현재인원을 기준으로 차기년도 증가되는 사업 혹은 신규사업과 생산량증가에 따른 보충인원으로 구분하여 계획한다. 인원은 단시일에 모집하여 업무에 투입될 수 없고 수습기간과 교육기간이 필요하므로 일정기간 필요 시점보다 먼저 채용하여야 한다.

　통상 기업에서는 1년에 1-2회 일괄 모집하였지만 점차 필요한 시점에 필요한 인원을 보충하는 채용방법으로 전환되고 있으므로 사전에 필요한 인원을 정확히 분석하여야 한다.

　기업에서 인원, 즉 사람은 기업의 승패를 좌우하는 가장 중요한 부문이므로 신중을 기하여야 한다. 또한 인원이 과잉되었을 때 해고할 수 없는 점을 감안하여 인원계획에 반영하여야 한다. 특히 생산에 관련된 직접 생산직은 부족한 인원을 보충하는 것보다는 숙련된 인원을 유지하면서 외주인원으로 보충하여 생산하는 것이 유리한 산업이 많다. 인원은 과거 직접공(직접 생산직)대 간접공(간접 생산직 : 생산을 지원하여 주는 인원) 비율을 8대2 비율로 조정하였으나 설비의 자동화와 생산 기술의 발달로 간접인원을 점차 줄이는 추세로 어떤 특정한 비율로 인원을 채용한다고 규정할 수 없다.

● 인원의 분류

　인원분류 방법은 생산직, 관리직으로 대분류 한다. 생산직이란 직접 생산현장에서 생산을 담당하는 인원을 말한다. 생산직에는 1) 직영인원 2) 외주인원 3) 간접인원으로 분류한다.

　여기서 직영인원이란 생산에 직접 참가하는 본사 직원을 말하며, 외주인원이란 생산에 직접 참가하는 협력업체 인원으로 공장의 일부분을 외주 주었을 때 협력업체

8. 인원계획

에서 투입하는 인원 혹은 공장의 일부분에 협력업체의 인원만을 투입하여 직영인원과 동일한 작업을 수행하는 인원을 말한다. 또한 간접인원은 생산현장에서 생산을 직접 지원하여주는 인원으로 예로 운반 작업인원, 자재공급인원 등을 들 수 있다.

관리직은 사무지원 등과 같이 생산을 간접적으로 지원하는 부서 인원을 말한다. 예로 자재구매, 경리, 총무 등의 담당 인원을 말한다. 관리직에는 제조 간접인원, 일반관리 인원, 연구개발 인원으로 대분류 할 수 있다.

제조간접인원은 생산을 일부 지원하는 인원으로 사무업무를 하되 생산과 밀접한 인원을 말한다. 예로 공무부의 공무 인원, 생산 기술부의 인원 등을 들 수 있다. 또한 일반관리 인원은 순수 사무실 인원을 말하며 그 예로 경리직, 총무직, 구매부 등을 들 수 있다. 연구인원은 연구소 등에서 연구 개발에 참여하는 인원을 말한다.

계획절차

인원계획은 전사 공개일괄 채용의 경우 '채용'시점을 기준으로 충원 계획을 편성하고, 결원 시 수시 충원의 경우 신입사원의 경우 졸업기준으로 계획하고 경력사원의 경우 회사의 채용 기준일정을 미리정하여 그 시점에서 채용가능토록 계획한다.

인원계획 작성 사례

[단위 : 명]

구분		인 원 계 획					기말
		전년기말	1/4분기	2/4분기	3/4분기	4/4분기	
생산직	직영	472	520	530	530	550	550
	외주	1,444	1,656	1,655	1,750	1,760	1,760
	간접	195	205	205	210	210	210
	소계	2,111	2,381	2,390	2,490	2,520	2,520
관리직	관리	385	395	395	410	410	410
	영업	145	145	150	150	160	160
	간접	120	120	120	120	120	120
	소계	650	660	665	680	690	690
합계		2,761	3,041	3,055	3,170	3,210	3,210

Chapter Ⅴ 혁신을 위한 경영계획서 작성

9 인건비 계획

인건비는 인원계획에 근거하여 산출하되 직급별 급여 테이블이 정하여진 경우는 직급별 평균 인건비를 인원계획에 곱하고 연봉제도의 경우 경력의 평균 연봉을 산정하여 월별 인원계획에 의거하여 산출한다.

인건비 계획 작성 사례

[단위 : 백만원]

구분		전년도 인건비	인 건 비 계 획				합계
			1/4분기	2/4분기	3/4분기	4/4분기	
생산직	직영	4,953	1,300	1,300	1,375	1,400	5,375
	외주	16,444	4,148	4,148	4,375	4,450	17,121
	간접	1,894	488	513	513	538	2,052
	소계	23,291	5,936	5,961	6,263	6,388	24,548
관리직	관리	4,320	973	988	1,234	1,234	4,429
	영업	1,145	358	358	388	388	1,492
	간접	3,120	818	818	818	859	3,313
	소계	8,585	2,149	2,164	2,440	2,481	9,234
합계		31,876	8,085	8,125	8,703	8,869	33,782

10. 시설투자계획

10 시설투자계획

  시설투자 계획은 월별로 구입 또는 건축해야할 계획을 부서별로 작성한다. 부서별 투자 계획 작성 시 구체적인 투자와 규모 등을 미리 파악하여 작성한다. 총 투자계획이 완성되면 전체회의 등을 통하여 우선투자와 계획투자 등을 분류하고 부서별 중복 투자가 없는 지 확인한다. 회사의 이전이나 공장의 이전, 신축의 경우 별도의 팀을 구축하여 검토하기도 한다.

시설투자계획 작성 사례

[단위 : 백만원]

구분		전년도 투자비용	시설 투 자 계 획				합계
			1/4분기	2/4분기	3/4분기	4/4분기	
기존사업	1공장	55,340	20,750	36,450	27,535	45,780	130,515
	2공장	4,500	2,100	3,500	2,500	1,500	9,600
	3공장	2,345	2,542	2,350	1,245	2,350	8,487
	소계	62,185	25,392	42,300	31,280	49,630	148,602
신규사업	우주항공	93,000	45,000	43,750	47,500	57,980	194,230
	환경사업	7,903	35,000	33,750	42,780	47,820	159,350
	공통	5,302	7,850	875	1,200	984	10,909
	소계	106,205	87,850	78,375	91,480	106,784	364,489
합계		168,390	113,242	120,675	122,760	156,414	513,091

Chapter Ⅴ 혁신을 위한 경영계획서 작성

11 연구개발 계획

연구개발비는 신제품개발 및 기존 제품의 성능향상 등에 관련된 비용으로 연구소가 설립된 회사는 연구소의 개발비용을 예산으로 편성하고 연구소가 설립되지 않은 회사는 제품개발에 투자되는 비용을 편성한다.

연구개발 계획수립 사례

[단위 : 백만원]

구분		전년도 개발비용	연구개발비 총괄				합계
			1/4분기	2/4분기	3/4분기	4/4분기	
연구개발	1사업부	115,340	20,110	36,452	27,452	45,200	129,214
	2사업부	24,500	7,560	5,890	6,500	4,253	24,203
	3사업부	8,345	2,458	2,460	2,350	2,670	9,938
	소계	148,185	30,128	44,802	36,302	52,123	163,355
경상시험연구	우주항공	193,000	47,820	43,562	42,578	54,632	188,592
	환경사업	127,903	35,620	33,254	42,500	45,000	156,374
	공통	15,302	3,425	2,536	3,872	4,452	14,285
	소계	336,205	86,865	79,352	88,950	104,084	359,251
합계		484,390	116,993	124,154	125,252	156,207	522,606

12 손익계산서

매출액과 이익을 추정하는 것은 4개년을 추정하기가 그리 쉽지 않다. 따라서 손익계산서를 양식에 따라 작성한다면 불확실성을 추정하고 미래를 예측 할 수가 있다. 기업은 이와 같은 손익계산서를 작성하여 이를 목표로 하여 목표관리와 원가절감 예산제도를 운영하여 최적의 비용을 지출한다.

12. 손익계산서

손익계산서 작성 사례

구분		D+0년도	비율	D+1년도	비율	비 고
매 출 액		50,000,000	비율	60,000,000	비율	
	-제 품	40,000,000	80%	45,000,000	75.0%	
	-상 품	10,000,000	20%	15,000,000	25.0%	
직접비	-재 료 비	20,000,000	40.0%	17,000,000	28.3%	
	-노 무 비	5,000,000	10.0%	2,000,000	3.3%	
	-경 비	1,000,000	2.0%	1,500,000	2.5%	
	소 계	26,000,000	52.0%	20,500,000	34.2%	
간접경비	-인 건 비	15,454,545	30.9%	14,545,455	24.2%	
	. 부문비	15,000,000	30.0%	14,000,000	23.3%	
	. 공통비	454,545	0.9%	545,455	0.9%	매출액배분
	-경 비	1,581,081	3.2%	1,518,919	2.5%	
	. 부문비	500,000	1.0%	600,000	1.0%	
	. 공통비	1,081,081	2.2%	918,919	1.5%	재료비대비 배분
	-감가상각비	840,541	1.7%	4,794,595	8.0%	
	. 부문비	300,000	0.6%	200,000	0.3%	
	. 공통비	540,541	1.1%	4,594,595	7.7%	재료비대비 배분
	소 계	17,876,167	35.8%	20,858,968	34.8%	
	상 품 원 가	5,000,000	10.0%	7,500,000	12.5%	
일반관리비	-인건비	390,909	0.8%	309,091	0.5%	
	. 부문비	300,000	0.6%	200,000	0.3%	
	. 공통비	90,909	0.2%	109,091	0.2%	
	-경 비	236,364	0.5%	313,636	0.5%	
	. 부문비	100,000	0.2%	150,000	0.3%	
	. 공통비	136,364	0.3%	163,636	0.3%	
	소 계	627,273	1.3%	622,727	1.0%	
영업외수익	-할부매출이자	2,000,000	4.0%	3,000,000	5.0%	
	-잡 수 익	5,000,000	10.0%	3,000,000	5.0%	
	소 계	7,000,000	14.0%	6,000,000	10.0%	
영업외비용	-운전자금이자	2,000,000	4.0%	1,000,000	1.7%	
	-시설자금이자	500,000	1.0%	1,000,000	1.7%	
	-리 스 료	1,000,000	2.0%	1,000,000	1.7%	
	-기 타		0.0%		0.0%	
	소 계	3,500,000	7.0%	3,000,000	5.0%	
총 원 가		46,003,440	92.0%	46,481,695	77.5%	
총 손 익		3,996,560	8.0%	13,518,305	22.5%	

Chapter Ⅴ 혁신을 위한 경영계획서 작성

13 예산계획

예산이란 본래 화폐액으로 표시되는 공식적 활동계획이라고 할 수 있다. 그런데 이 개념은 성과평가 및 원가통제 목적으로 표준과 함께 가장 많이 이용되는 개념이다. 예산제도는 제조간접원가의 표준설정 및 일정기간의 성과평가를 할 때 주축이 되는 관리 통제시스템이다(안일준·유희경, 1995).

1) 자재비계획

자재발주 입고 출고 계획을 금액으로 환산하여 산출한다. 연간 총액을 사업계획에 반영하되 전산에 입력할 때는 월별 또는 프로젝트 기간별로 입력한다. 자재비계획에서 외자는 해외에서 수입되는 자재를 말하며 내자는 국내에서 공급 가능한 자재를 말한다. 특히 해외 도입자재는 납기가 각 국가마다 차이가 발생함으로 전년도 발주분 중 미입고 자재비용을 산출하여 비용에 산정하여야 한다.

자재출고계획은 사업계획 편성 시 직접비 예산으로 편성되며, 생산량에 따른 투입비용을 정밀하게 산출하여야 한다. 플랜트 사업과 같은 설치공사는 기간별로 자재비계획을 예산에 반영하되 각 프로젝트별로 산출하여 관리한다.

년간 자재비 계획 작성 사례

[단위 : 백만원]

구분	자재비 계획 총괄			비고
	발주	입고	출고	
내자	99,235	101,300	101,233	
외자	203,022	200,230	198,890	
합계	302,257	301,530	300,123	

2) M/H 계획

M/H(Man hour) 또는 Man Power라고 부르기도 한다. 여기서는 Man Hour로 표현한다. M/H는 작업자 한사람이 한 시간 작업하는 시간을 말한다. 이는 자동차 한대를 조립하는데 들어가는 인원과 작업시간을 곱하여 산출한다. 즉, 총 생산대수에 한대를 생산하는데 필요한 작업시간을 곱하면 총 투입M/H를 산출할 수 있다. 총 투입 M/H를 산출하면 총 소요 작업인원의 산출과 직접 인건비를 산출할 수가 있다.

직접인건비 산출 방식은 총 투입 M/H * 평균 임율로 산출한다. 평균 임율은 전년도 총 직접 인건비를 총 투입 M/H로 나누고 차기년도 예상 인건비 인상액을 합산한 것이다.

M/H계획은 매출공사, 간접공사, 시설공사, 비생산으로 분류하며, 매출공사는 판매 제품을 생산하는데 직접 투입된 M/H이며, 간접공사는 자재운반 또는 제품을 생산하는데 지원하는 지원인원의 M/H이다. 또한 시설공사는 직접 인원이 공장의 시설을 개선하거나 설비를 제작하는데 투입되는 M/H이며, 비생산 M/H는 조회, 회의, 행사 등 생산과 무관하게 투입되는 M/H이다. M/H계획은 월별 또는 프로젝트별로 산출하되 총괄 사업계획에는 분기별로 작성하는 것이 효과적이다.

M/H 투입계획 작성사례

[단위 : 천M/H]

구분	M/H 투입계획				합계
	1/4분기	2/4분기	3/4분기	4/4분기	
매출공사	1,046	16,452	17,452	15,200	50,150
간접공사	560	890	500	253	2,203
시설공사	458	460	350	670	1,938
비생산	64	802	302	123	1,291
합 계	2,064	18,604	18,604	16,246	55,582

Chapter Ⅴ   혁신을 위한 경영계획서 작성

3) 간접경비 계획

간접경비 계획은 각 부서에서 필요한 비용을 산출하여 비용을 집행하는 집행부서에서 총괄 집계한다. 간접경비도 월별로 작성하여 예산을 관리하되 사업계획 총괄표에는 분기별로 합산하는 것이 효과적이다. 간접경비 항목은 다음과 같다.

(1) 복리후생비

복리후생비는 근로환경의 개선이나 근로의욕의 향상을 목적으로 구성원에게 지급되는 비용이다. 복리후생비는 구성원을 위한 보험이나 식당운영비, 기숙사 운영비용, 경조사 또는 구성원의 친목활동을 지원하는 비용 등이 있다.

(2) 여비교통비

여비교통비는 회사의 업무 수행을 위해서 출장하는 경우 발생하는 비용으로 여비와 교통비로 구성된다. 통상 1일 출장비를 기준으로 일일 숙박비와 교통비 그리고 업무 추진비를 산정하여 출장일 수를 곱하여 산출한다.

(3) 통신비

통신비는 전화료, 우편료 등과 같은 통신장비의 유지비를 말한다.

(4) 수도광열비

수도광열비는 수도료, 연료비, 전기료, 유류, 가스비 등을 지칭하며 자가발전의 경우 발전설비의 운영비도 포함된다. 차량의 연료비는 이 계정에 포함하지 않고 여비교통비로 처리하는 것이 적절하다.

(5) 조세공과금

세금, 벌금, 과태료로 분류 할 수 있으며 세금은 국세와 지방세를 말하고, 행정상의 의무불이행에 대한 벌금, 과태료 등이 포함된다.

13. 예산계획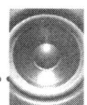

(6) 지급임차료
부동산 혹은 동산의 임대차계약에 따라 임대인에게 임차료를 지급할 때 이를 지급임차료라고 한다.

(7) 보험료
공장의 화재보험 등과 같이 회사의 미래의 재해에 대비하여 가입한 보험료를 말한다.

(8) 광고 선전비
판매 및 홍보 활동을 하기 위한 TV, 라디오, 신문, 잡지 등의 광고에 필요한 모든 비용을 말한다.

(9) 수선비
취득한 자산을 지속적으로 사용하기 위하여 수선, 유지활동에 필요한 소모품 혹은 부품비용으로 자산의 실질적인 가치를 증가시키지 않고 다만 정상적으로 가동시키기 위한 경상적 지출을 의미한다.

(10) 접대비
접대비는 영업과 관련한 재화나 서비스를 베푸는 것으로 사회 통념상의 접대비로 보면 된다.

(11) 운반비
상품 또는 제품 등을 운반하는데 지출되는 용차비용 등이 있다.

(12) 소모품비
사무용품 또는 작업현장의 청소용품과 같은 비품 구입비용이다.

(13) 차량유지비
영업활동을 위한 차량 또는 직원의 업무용 차량, 임원에게 지급된 차량의

Chapter Ⅴ 혁신을 위한 경영계획서 작성

유지를 위하여 지출되는 비용이다.

(14) 도서인쇄비
업무에 필요한 도서의 구입 및 부서의 복사기 운영비용 또는 회사의 자료를 인쇄하기 위하여 지출되는 비용이다.

(15) 교육훈련비
임직원의 경력 개발을 위하여 필요한 교육에 지출되는 비용으로 사내강사를 양성하여 교육하는 방법과 외부 강사를 초빙하는 경우 그리고 해외 연수, 유학 등과 같은 위탁 교육 훈련 등에 투자되는 비용이다.

(16) 검사비
품질검사 또는 출장검사, 계측기계의 검사 등에 필요한 비용을 말한다.

(17) 보증수리비
제품을 일정기간 보증하여 판매할 경우 지출되는 비용으로 무상A/S비용이다.

(18) 해외시장 개척비
해외시장을 개척하기 위하여 지출되는 비용이다.

(19) 기술용역비
신제품 개발이나 제품개선과 같은 기술개발을 외부에 의뢰하여 개발할 때 지출되는 비용이다.

(20) 지체상금
납기의 지연이나 계약 지연으로 계약당사자와 계약에 의한 지연 보상금을 말한다.

(21) 제품보조비

제품을 판매 할 때 고객에게 무상으로 지급되는 소모품 또는 서비스품목, 쿠폰 등과 같은 비용을 말한다.

(22) 잡비

기타 비용으로 회계계정에 없는 비용의 발생 시 잡비로 처리한다.

Chapter Ⅴ 혁신을 위한 경영계획서 작성

경비계획 작성사례

[단위 : 백만원]

구분	간접경비 계획												합계
	1월	2월	3월	4월	5월	6월	7월	8월	9월	10월	11월	12월	
여비교통비	238	254	225	225	250	225	250	280	250	225	225	250	2,897
통신비	150	124	135	154	156	125	146	135	134	153	135	134	1,681
수도광열비	342	567	901	765	234	345	236	934	534	523	546	214	6,141
조세공과금	435	445	454	454	463	473	456	436	427	463	462	437	5,405
지급임차료	235	256	983	256	943	365	932	367	382	653	235	367	5,974
지급수수료	365	347	357	347	352	372	351	372	325	327	342	346	4,203
보험료	456	673	468	984	894	290	900	670	932	782	279	190	7,518
광고선전비	223	224	264	273	253	264	217	237	225	226	253	283	2,942
수선비	457	489	474	489	578	932	890	357	478	369	460	100	6,073
접대비	353	356	346	324	324	245	232	432	325	233	342	342	3,854
운반비	400	646	698	854	446	533	220	152	727	817	603	402	6,498
소모품비	436	326	435	345	432	472	433	436	457	475	458	476	5,181
차량유지비	125	126	185	184	174	176	156	163	184	193	142	153	1,961
도서인쇄비	235	253	274	243	274	246	273	284	274	236	263	246	3,101
사무용품비	24	21	35	32	32	21	33	43	22	44	35	32	374
교육훈련비	121	121	111	143	132	142	153	132	142	142	145	152	1,636
검사비	785	796	685	578	765	765	578	785	754	785	754	684	8,714
전력비	647	446	655	675	678	675	654	654	684	647	544	687	7,646
경상시험연구비	854	864	878	879	875	895	867	874	867	856	866	845	10,420
중기유지비	546	565	665	657	655	554	656	765	556	656	656	655	7,586
보증수리비	554	544	564	654	655	544	655	644	454	445	454	464	6,631
기밀비	454	444	454	464	476	464	436	475	465	475	475	454	5,536
의료비	22	32	32	32	22	32	33	43	32	32	33	33	378
해외시장개척비	546	454	545	456	465	454	544	445	444	446	644	464	5,907
포장비	644	456	546	575	676	565	577	546	654	654	654	444	6,991
기술용역비	684	475	464	646	464	454	456	454	456	464	454	453	5,924
보상비	545	454	545	454	445	544	554	566	466	565	565	564	6,267
지체상금	654	467	564	654	654	554	466	444	675	544	554	557	6,787
제품보조비	454	454	454	545	454	454	454	454	454	454	454	454	5,539
잡비	654	645	644	755	466	566	456	675	685	678	554	668	7,446
해외지점경비	65	55	66	55	55	55	55	66	55	66	54	55	702
기타	455	555	564	664	654	544	664	546	544	564	644	544	6,942
합계	13,159	12,936	14,673	14,819	14,401	13,351	13,990	13,874	14,072	14,202	13,295	12,161	164,933

14
총괄계획

사업계획서 총괄표는 누구나 쉽게 이해할 수 있어야하며 특히 최고경영자, 이해관계자들이 요약표를 보고 기업의 미래지향적 방향을 읽을 수 있어야 한다. 다음은 사업계획의 총괄표의 사례이다.

Chapter V 혁신을 위한 경영계획서 작성

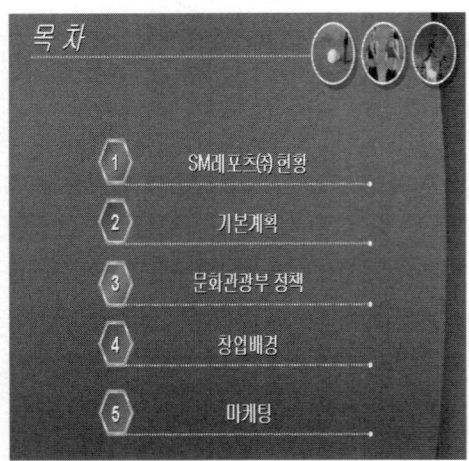

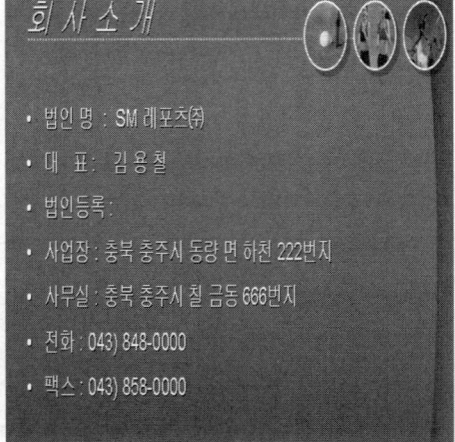

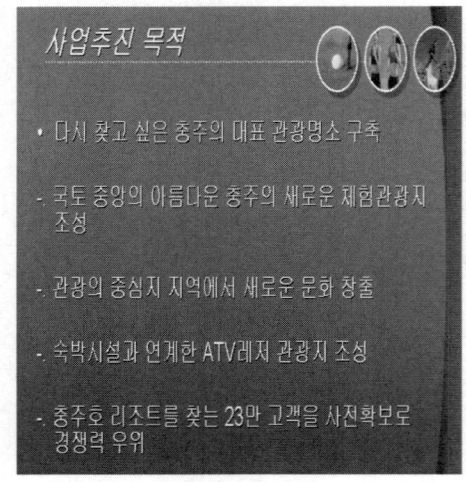

14. 총괄계획

사업장

규모

- 부지
  총 6,320평

- 건평
  - 건물 : 60평(1, 2층 규모)
    매표소, 기념품 매장, 카페, 어린이 놀이터, 사무실, 휴게실, 탈의실, 샤워장

레포츠 환경

주요 레저 활동

- 산악 오토바이(ATV)
- 산악 자전거
- 모터보드
- 수륙양용오토바이
- 무선조종 자동차 경주장
- 인라인스케이트 / S-보드
- 어린이자동차 운전

Chapter Ⅴ 혁신을 위한 경영계획서 작성

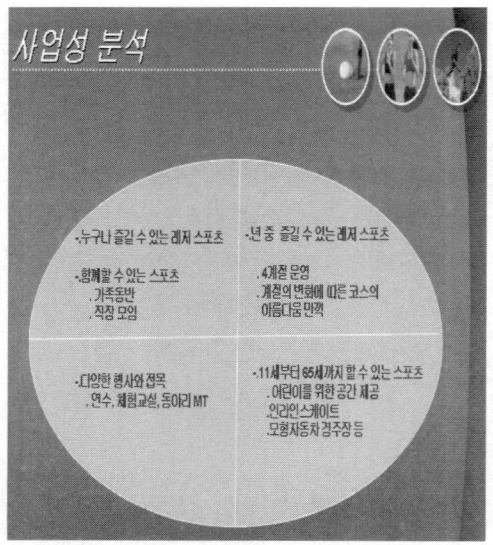

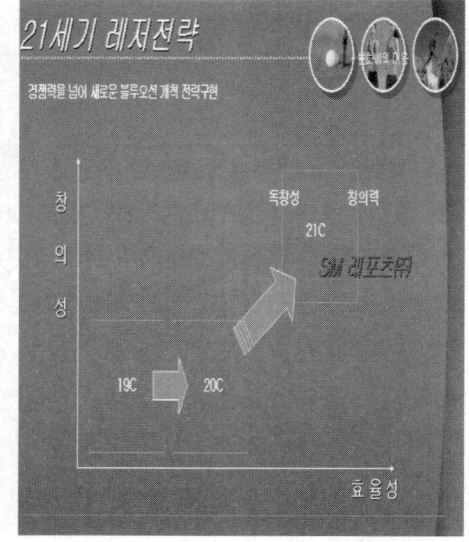

14. 총괄계획

인건비계획
(단위: 원)

구분	2006년	2007년	2008년	비고
대표이사	36,000,000	36,000,000	36,000,000	
관리직	24,000,000	24,000,000	48,000,000	
매표		18,000,000	18,000,000	
정비		24,000,000	48,000,000	
안전요원		18,000,000	36,000,000	
매점		18,000,000	18,000,000	
휴게실			18,000,000	
코스안내			24,000,000	
합계	60,000,000	138,000,000	246,000,000	

제조간접경비계획

구분	2007년	2008년	비고
식대	7,200,000	21,600,000	
피복대	60,000	180,000	
교통비	120,000	360,000	
출장비	2,000,000	2,000,000	
통신비	360,000	3,600,000	
수도료	360,000	3,600,000	
가스료	720,000	1,000,000	
재산세	500,000	500,000	
법인세	300,000	3,000,000	
자동차세	600,000	1,200,000	
임차료	300,000	300,000	
국유지사용료	5,000,000	5,000,000	

제조간접경비계획

구분	2007년	2008년	비고
보험료	3,000,000	3,000,000	
광고선전비	2,000,000	30,000,000	
수선비	1,000,000	5,000,000	
접대비	500,000	1,000,000	
운반비	1,000,000	1,000,000	
소모품비	2,000,000	2,000,000	
차량유지비	4,000,000	4,000,000	
도서인쇄비	1,000,000	1,000,000	
전력비	1,200,000	1,500,000	
검사비	1,000,000	1,000,000	
사무용품비	2,500,000	2,500,000	
잡비	5,000,000	5,000,000	
합계	41,720,000	99,340,000	

투자계획

구분	단가	수량	금액	비고
토지		6,320	370,000,000	
토목		일식	40,000,000	
건물		60평	50,000,000	
설계/인허가		일식	10,000,000	
조경		일식	7,000,000	
산악오토바이	3,000,000	15	45,000,000	
산악자전거	100,000	20	2,000,000	
모터보트	500,000	10	5,000,000	
수륙양용오토바이	4,000,000	3	12,000,000	
무선조종자동차경주	50,000	10	500,000	
인라인스케이트	100,000	20	2,000,000	
S-보드	50,000	20	1,000,000	
어린이자동차운전	50,000	10	500,000	
매점		일식	5,000,000	
합계			550,000,000	

Chapter V 혁신을 위한 경영계획서 작성

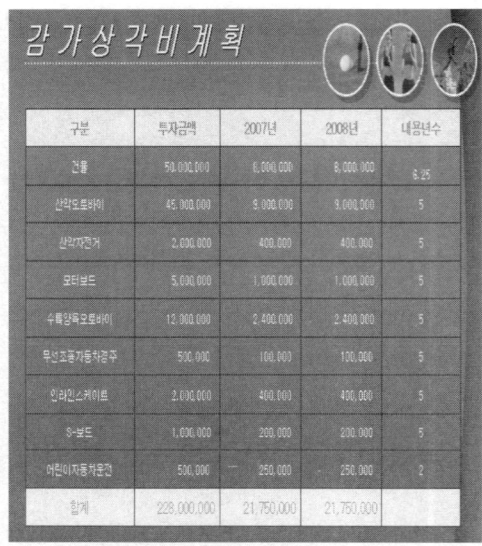

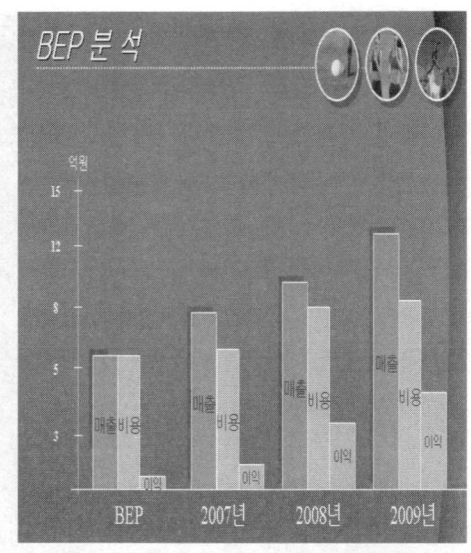

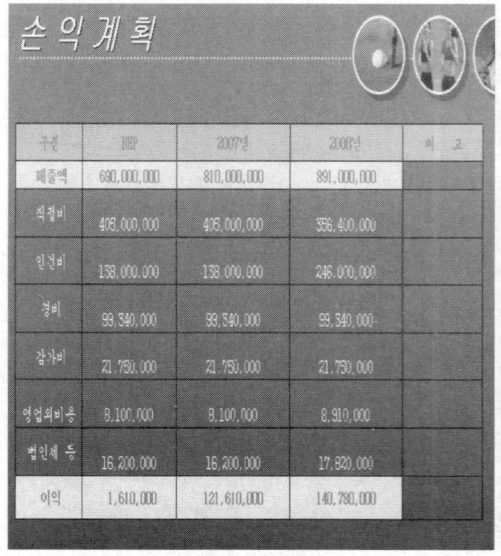

14. 총괄계획

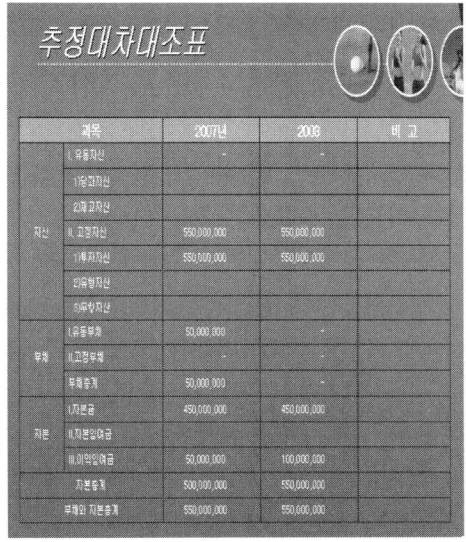
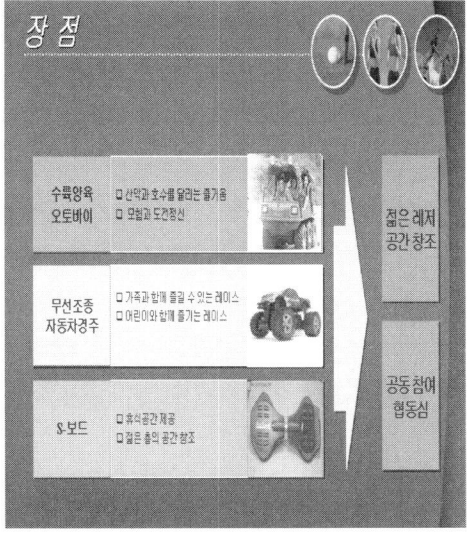
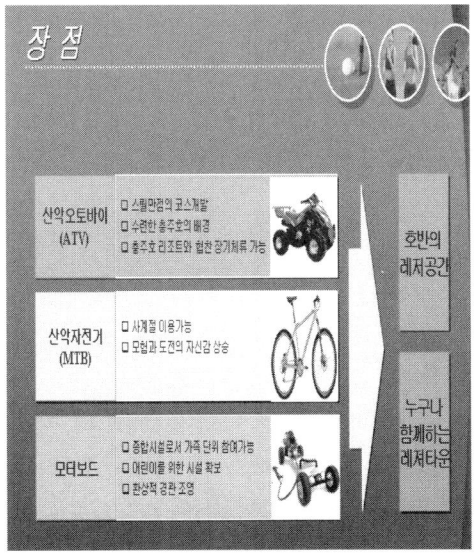
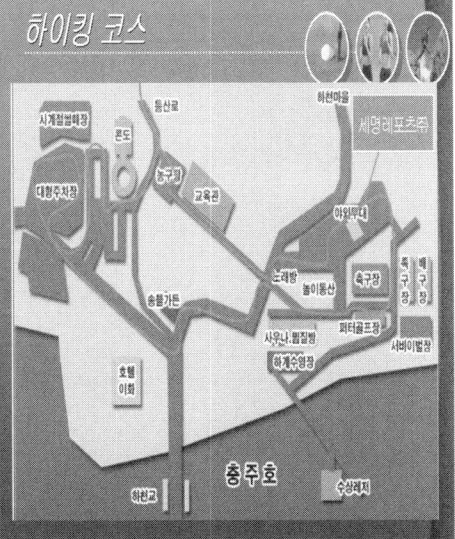

Chapter Ⅴ 혁신을 위한 경영계획서 작성

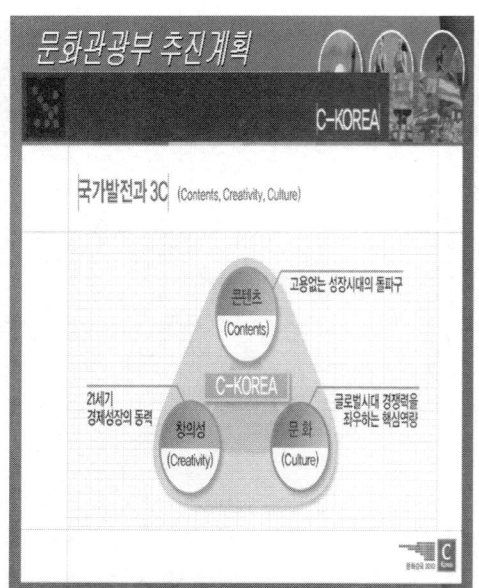

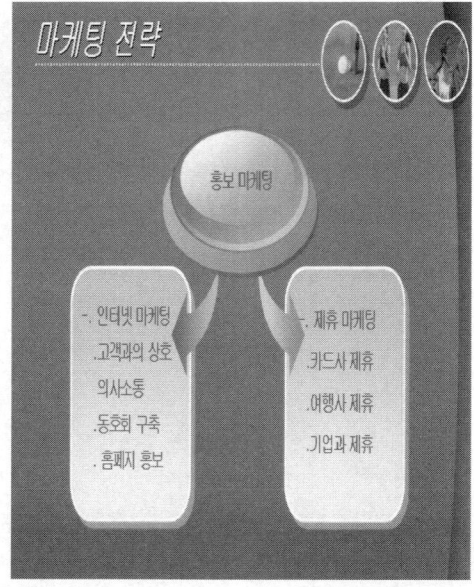

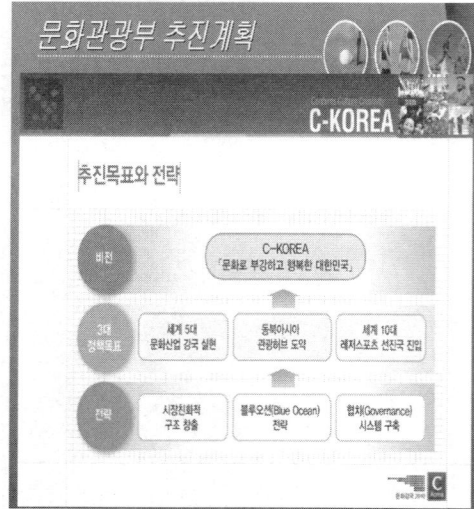

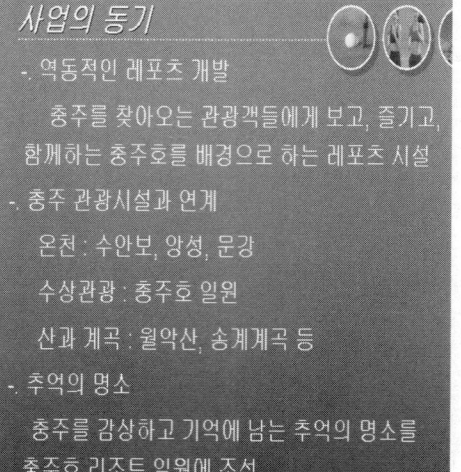

14. 총괄계획

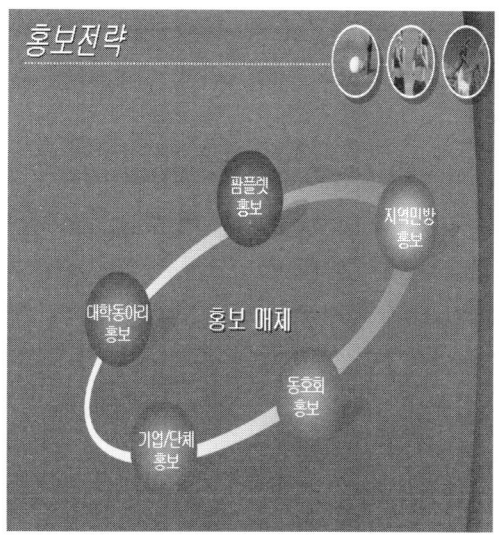

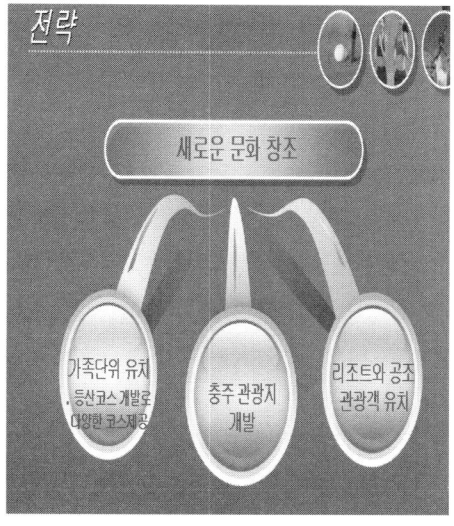

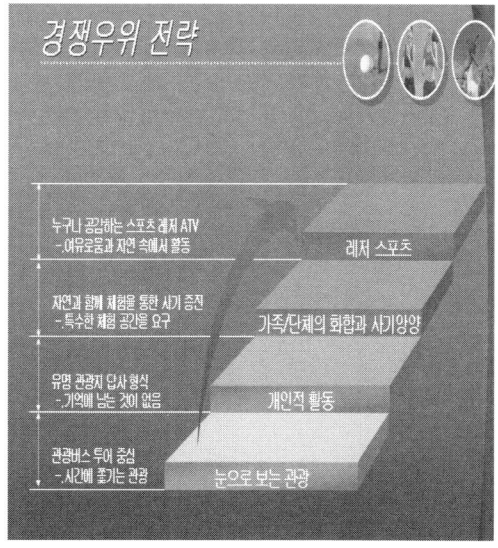

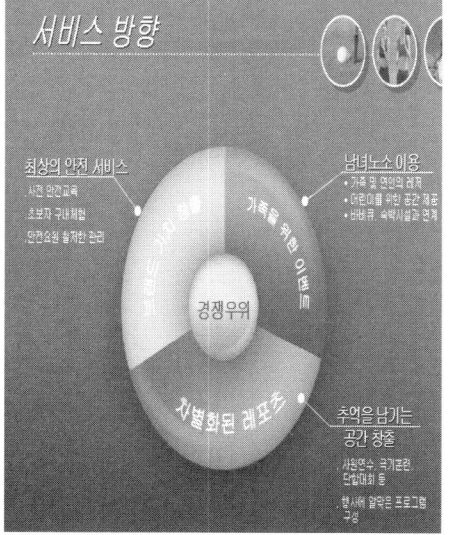

Chapter VI

EMI 시스템 추진 사례

1. 비전

🔑 1 비전

회사	창조적 경영 고객창조, 신 경영창조, 혁신창조
창공팀	원가혁신을 통한 공정개발 (아이디어 창조 팀) • 300건/년 아이디어 제안 • 공정개선 12건/년 달성

🔑 2 창공팀 전략

창공팀 원가절감 전략
치구개선 사항 　- 치구불합리 사항의 개선 지연으로 FIT-UP 시간손실 　- 치구의 SET-UP 방법 불편 　- 상부센터치구 사용 시 부적합발생빈도 증가 　　. 절단품질산포: 절단면 구배, 치수변동, 변형 등으로 치구대신 정반에서 마킹 　　. 품질저하, 작업시간 증가
용접기 주전원 CABLE 안전사항 　- 지상에 설치된 CABLE COVER 　　: 작업자의 라인간 이동에 방해, 제품취급 중 파손될시 감전사고 우려
작업계획 수립/실적 집계 　- 생산기술의 표준M/H 미사용, 현장에서 계획 수립 　- 표준의 정확성 검증 미 이행 　- 진도관리 미흡
유휴설비 활용 　WELDING POSITIONER : BOOM W/D용 2대 (W06-01, W06-02)

	. 작업면적 과다소요, 작업높이 증가, 작업시간 증가
작업자 로스	
	- 이동인원, 유휴인원 발생
	- 작업도중 CHIPPING용 치구 제작
라인 내 캐비넷	
	- 공구, 소모품등 보관용 캐비넷 다수, 대형 : 관리에 저해요소

3 프로세스 분석

[문제의 발굴]

직접원가를 분석할 결과 재료비가 목표대비 12% 상승하여 손익에 영향을 미치고 있다. 전사적으로 재료비 절감을 목표로 하였다.

직접비 중의 재료비원가를 분석하기 위하여 BOM (Bill of Material)을 비교분석한 결과 가격 상승 자재를 다음과 같이 추출하였다.

단가 인상 자재

자재명	표준단가	구매단가	상승률	문제점
클락션 단자	30,000원	40,000원	↑ 10,000원	원자재값 상승
브라켓	10,000원	12,000원	↑ 2,000원	철판값 인상
큐션고무	8,000원	9,000원	↑ 1,000원	협력업체 요구

표에서와 같이 구매단가 인상에 따른 재료비 상승의 원인을 추적하였다. 인상원인들 중에서 클락션 단자 가격이 가장 높게 인상 되어 개선의 대상으로 선정 하였다. 본 개선은 창공 팀에서 수행하기로 결정하였다.

3. 프로세스 분석

개선활동 계획서

작성	검토	승인
/	/	/

팀명(개인명)	창공 팀

개선테마	개선 전 (현상 및 문제점)	개선 목표	개선 목표금액	비고
접촉 단자 원가상승	동판 원가 상승 - 표준원가 : 3만원 - 실제원가 : 4만원	원가절감 단자개발	-1만원	

세부 활동일정

추진계획	활동일정 (월)												비고
	1	2	3	4	5	6	7	8	9	10	11	12	
팀 구축	■												
프로세스분석		■											
개선안 도출			■	■									
결과 테스트					■								
개선안 적용						■							
문서화						■							
평가 및 보고							■						

타당성 검토 (혁신 팀 검토)

- 원가상승의 원인으로 우선 추진되어야 할 과제임.
- 팀 지원으로 연구소 소재개발 담당 선임연구원을 지원 담당으로 선정함.
- 손실금액 : 10,000원 / 대당 X 2,000,000대 / 년간생산량 = 20억 손실

제출일자 : 2008. 01. 12

Chapter Ⅵ EMI 시스템 추진 사례

4 개선아이디어 개발

1) 회사의 웹 사이트에 개선 팀 및 개선방안에 대한 아이디어 등록
   - 팀 활동 : 매일 사이트를 방문하여 자신의 의견을 제출
   - 전사원 아이디어 수집 : 팀장은 매일 수집된 의견을 팀 회의 적용
   - 팀 회의 : 매주 화요일 점심시간 30분 활용
2) 문제의 원인 분석 : 접촉 단자의 재질은? "동판"사용
   - 국제적으로 원자재 값 인상 : 동판 단가 180% 인상
3) 체크리스트 법에 의한 아이디어 개발
   - 꼭 동판을 사용하여야 하는가?
   - 연구소 소재개발 담당자 의견
     동판을 사용하지 않아도 가능하다. 단, 전류의 흐름이 동판과 같아야 한다는 조건이 있음.
4) 집단 지성 활용
   - 웹에 올라온 아이디어 중 동판을 철판으로 재질변경

> 아리 : 동판 대용으로 같은 두께의 철판으로 사용하면 어떨까?
>   향기 : 괜찮은 아이디어인데…
>   짱아 : 철판은 전류의 흐름이 동판보다 떨어지는데. ㅠㅠ…
> 아리 : 전류의 흐름은 어떻게 높일까?
>   향기 : 철판에 동도금 하지뭐… ㅋㅋㅋ
>   짱아 : 괜찮은 아이디어인데… 함 해보자
> 아리 : 누가할래?
>   향기 : 짱아 전문이 잔아… 도금은
> 아리 : 낼 만나서 상세히 추진하자

5. 개선아이디어 분석

5
개선아이디어 분석

- 재질변경
- 두께변경
- 재질 변경 후 동 도금 처리

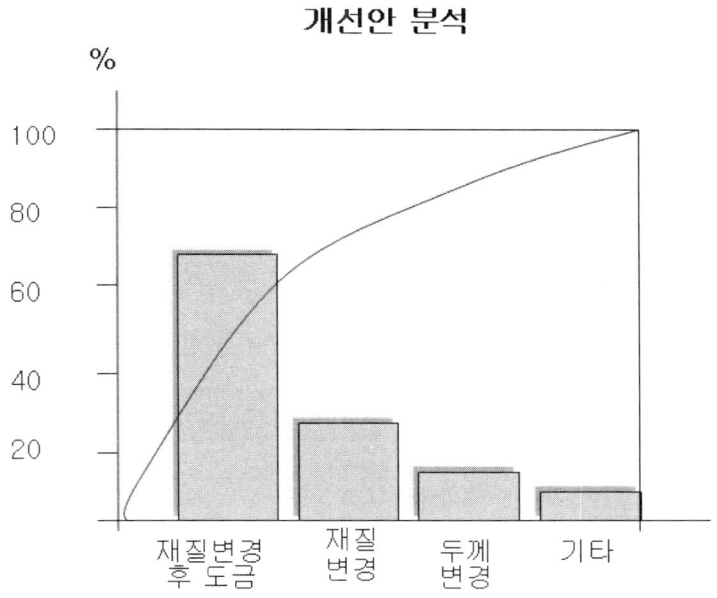

[개선안 분석]
- 재질 변경 : 전류의 흐름이 떨어짐
- 두께변경 : 휨 등의 변형으로 문제발생
- 재질 변경 후 동 도금 : 채택

Chapter VI EMI 시스템 추진 사례

6 개선아이디어 실행

- 개선 아이디어를 결정 후 당일 시험 제작
  - 개선 팀에 의뢰하여 동일 사이즈의 철판을 제작
  - 야간조 교대 시간인 24 : 00 - 02 : 00 사이 동도금 처리
  - 테스트 : 연구소 의뢰 결과 동일의 성능 결과 얻음
- 사내 개선팀에게 제작된 개선품을 시제품에 설치 종합 테스트
- 합격

7 결과평가

- 접촉단자 제조원가 산출내역 (제조원가는 원가 팀의 지원을 받아 산출함)

원가항목	금액	현 구매 단가	절감금액
철판	12,000 원		
절단비	4,000 원		
가공비	3,000 원		
표면처리비	2,000 원		
동도금	4,000 원		
간접비	3,000 원		
합계	28,000 원	40,000	-12,000원

개선결과 평가

작성	검토	승인
/	/	/

팀명(개인명)	창공 팀	일자 : 2008. 05.15

1. 현황 및 문제점

개선 테마명	문제점	추진목표
접촉단가 개선	국제원자재 가격의 상승으로 구매단가 인상됨. - 20억 영향을 미침 - 목표원가 : 30,000원 - 현재원가 : 40,000원 - 증가 : 10,000원/대당	- 목표 : 20억 절감

2. 개선활동 추진내역(유형성)

개선 테마명	실시 효과	달성도
접촉단자 개선	- 개선 전 구매가 : 40,000원 - 개선 후 제조가 : 28,000원 - 절감액 : 12,000원 / 대당 X 2,000,000대 / 년간생산량 = 24억	- 목표 : 20억 절감 - 실시 : 24억 절감 120 % 달성

Chapter VI EMI 시스템 추진 사례

심사평점 결과

평가항목			평점기준	비고
유형효과	금액으로 산출가능효과	50점	45	
무형효과	창의성	10	10	
	노력도	10	10	
	실시여부	10	10(실시)	
	표준화	10	5(반영)	
	지속성	10	10	
	적용범위	10	5(회사전체)	
가점		5		
합계			95점	

8 결과보상

- 보상정책 : 년간 원가절감 금액의 7%를 팀원에게 보상

  포상 : 년간 절감금액 24억 × 7% = 168,000,000원을 당월 특별 보너스로 창공 팀에 포상함

  창공 팀 : 6명으로 개인당 28,0000,000원을 포상함

 포상은 전 직원 조회에서 최고경영자가 포상함

9 개선안 정착

- 연구소 : 개선안을 설계 변경하여 차기 Lot 부터 적용
- 개선팀 : 개선 사례를 문서화하고 전 직원에 알림
            웹 사이트에 성공사례 발표

참고문헌

강병서·김계수(2001), 「사회과학통계분석」, SPSS 아카데미.
김계수(2003), 「경영과학」, 법문사.
김위찬·르네 마보안, 강혜구 역(2005), 「블루오션 전략」, 교보문고.
김호종(2007), 「실용트리즈의 창의성 과학」, 두양사.
린 피츠제럴드 외, 권영수·박종원 옮김(2000), 「서비스경영의 성과측정」, 한국경제 신문
문근찬(2006), 「혁신과 변화관리」, 한티미디어.
박영배·김계수(2004), 「기업과 경영」, 범한.
송재근(2006), 「Q-COST & COPQ 관리시스템 구축 매뉴얼」, 한국표준협회컨설팅.
안일준·유희경(2004), 「관리회계원론」, 형설출판사.
정낙현(2005), 「원가절감의 포인트」, 갑진출판사.
휴넷경영아카데미
칸다 노리아키, 한국능률협회컨설팅 옮기(2005), 「세분툴」, 교보문고.
Porter, M, E.(1980), Competitive Strategy : Technique for Analyzing Industries and Competitors, New York : Free Press.
Peter. S. Pande., Robert, P. Neuman., Roland R Cavanagh.(2001), 「The six sigma way」, McGraw-Hill.
KSAC.co.kr
Hunet.co.kr

 색인

 색인

숫자 및 영문

5W2H 기법	138
7대 낭비	98
A-Cost	94
BCG 매트릭스	72
Bittorrent	134
Creative Commons	134
CTQ	112
EMI	14
FAT	117
F-Cost	94
FMEA	115
Meta blog	134
M/H 계획	249
P-Cost	93
PDPC법	224
QFD	112
Rss	134
UCC	134
VE(Value Engineering)	124
youtube	134

국문색인

ㄱ

가중 평가법	148
가치향상의 원칙	125
간접경비 계획	250
개선효과 체크항목	180
경쟁자의 진단	69
경영성과 측정지표	165
경영전반의 측정지표	167
경영혁신의 측정	190
계통도법	219
고객의 소리	34
고객진단	68

Index

ㄱ
고장목 ……………………………………… 117
그래프 ……………………………………… 213
기술동향의 진단 ………………………… 69
기업전략 …………………………………… 58

ㄴ
납기관리 측정지표 …………………… 175
내부 환경 분석 ………………………… 70
눈으로 보는 관리체크 항목 ……… 176

ㄷ
도산원인 …………………………………… 22

ㅁ
매출계획 ………………………………… 239
매출부진 분석 ………………………… 81
매트릭스 데이터 해석법 …………… 223
매트릭스도법 …………………………… 221
문제의 발굴 …………………………… 106
미래전략 …………………………………… 38

ㅂ
보상 체계 ……………………………… 160
보전관리부문 측정지표 …………… 173
블로그 …………………………………… 133
비전 ………………………………………… 33
비전경영 ………………………………… 41

ㅅ
사내 개선팀 …………………………… 154
산업구조 분석 ………………………… 65
산업동향 ………………………………… 61
산점도 …………………………………… 207
생산계획 ………………………………… 238
생산관리부문 측정지표 …………… 172
생산성 분석 …………………………… 80
서비스 유연성 측정항목 …………… 189
서비스품목 체크항목 ……………… 184
성장전략 ………………………………… 75
세븐툴 …………………………………… 127
손익계산서 ……………………………… 246
손익분석 ………………………………… 87
수금계획 ………………………………… 237
수금분석 ………………………………… 79
수주계획 ………………………………… 235
수주분석 ………………………………… 77
시설투자계획 ………………………… 245
시장점유율 ……………………………… 63
시즈 (seeds)발상법 …………………… 131

ㅇ
아날로지 ………………………………… 128
안전보건부문 측정지표 …………… 174

안정전략	75	전사적 마케팅	68
애로우 다이어그램	226	정의단계	109
엔터프라이즈 2.0	132	제품개발	68
연관도법	217	제품 라이프 사이클	59
연구개발 계획	246	제품 수명주기	59
연구개발 측정지표	170	제품진단	68
예산계획	248	주요연혁	231
외부환경 분석	67	중소기업의 약점	20
우량기업의 약점	27	즉실천 활동	154
원가주도전략	72	집단 지성	132
위키피디아	133	집중화전략	72
인건비 계획	244		
인건비분석	86	## ㅊ	
인원계획	242	차별화전략	71
인원분석	84	체크리스트 발상법	130
일대일비교평가법 (AHP)	149	체크리스트법	139
		체크시트	201
## ㅈ		초점 발상법	129
자원진단	68	총괄계획	255
자재부문 측정지표	171	추세분석	62
자재비계획	248	축소전략	75
잠재적 고장모드	115	측정 (Measurement)	119
장애물 추적	100	층별	209
재고계획	240	친화도법	215
재고분석	82		

Index

ㅋ
컨조인트 분석 ·············· 150
크라우드소싱 ·············· 135

ㅌ
특성요인 ·············· 210
팀 구축 ·············· 44
팀 구축 측정 체크항목 ·············· 178

ㅍ
파레토그림 ·············· 203
품질의 집 ·············· 113
품질표 ·············· 151
프로세스 맵핑 ·············· 121

ㅎ
핵심이념 ·············· 40
현장 개선활동 ·············· 153
현장조사 방법 ·············· 108
히스토그램 ·············· 205

저자약력

김동기

- 공학박사
- 한국중공업/LG전선/한라중공업 기술연구소 역임
- 금속기사 1급/Technology Innovator • 중소기업청 기술지도사
- (주)프라임코퍼레이션 컨설팅 사업본부장
- 경복대학 경영과 겸임교수

김용철

- 경영학박사
- 현대삼호중공업(주) • Halla Euro Enterprise(UK)
- 한국표준협회컨설팅 근무.
- (현)전문경영연구소 대표
- (현)세명대학교 경영학과 겸임교수

이중우

- (현)티씨에이 코리아㈜ 대표 컨설턴트
- (전)국제경영인증원㈜ 지도실장 • (전)세신산업 품질보증부
- ISO 9001 / 14001 /22000 선임 심사원
- HSPM 심사원 / Single PPM 심사위원 (중소기업청)
- PL 전문위원

한석만

- 공학박사 (산업공학)
- 전주대학교 객원교수 역임, 한국표준협회컨설팅 대전충청지사장 역임
- 한라중공업 연구소
- (현)(주)광진테크 연구개발실장
- (현)여주대학 겸임교수, 강남대학교 강사,
- (현)중소기업청 기술지도위원, 경기도 중소기업종합지원센터 기술지도위원

원가절감 프로세스

2016년 2월 17일 초판 4쇄 인쇄
2016년 2월 27일 초판 4쇄 발행

저자 / 김동기, 김용철, 이중우, 한석만
발행인 / 고우용
발행처 / 우용출판사
등록일 / 1997년 11월 25일
출판등록 / 제 313-1997-139호
주소 / 서울특별시 마포구 망원1동 338-53
전화번호 / 02)324-6577
팩시밀리 / 02)324-6177
정가 / 17,000원
ISBN / 978-89-87951-91-1
2016 ⓒ TCA Korea

이 책은 저작권법에 의해 한국 내에서 보호받는 저작물이므로 법에 정한 예외 이외의 무단 전제나 복제, 매체 수록 등을 금합니다.